幼儿园环境创设

主 编 贾素宁

副主编 林峰云 丛 娜 朱希彦 张荃荃 张小仪

电子工业出版社·

Publishing House of Electronics Industry

北京·**BEIJING**

内 容 简 介

本书内容包括幼儿园环境创设的基本理论、幼儿园户外环境创设、幼儿园室内公共环境创设、幼儿园班级环境创设、幼儿园主题活动环境创设和幼儿园环境创设评价等。本书理论阐述深入浅出，典型案例贴近实际，思政元素巧妙融入，体现了科学性、实用性和教育性的统一。

本书适合职业院校学前教育专业和幼儿保育专业的学生使用，也可为托幼机构的教师及管理者提供有益帮助。

图书在版编目（CIP）数据

幼儿园环境创设 / 贾素宁主编. -- 北京 ： 电子工
业出版社，2024. 9. -- ISBN 978-7-121-48903-7

Ⅰ. G617

中国国家版本馆 CIP 数据核字第 2024CE6629 号

责任编辑：胡乙凡

印　　刷：北京捷迅佳彩印刷有限公司

装　　订：北京捷迅佳彩印刷有限公司

出版发行：电子工业出版社

　　　　　北京市海淀区万寿路 173 信箱　邮编　100036

开　　本：787×1 092　1/16　印张 10.25　字数：262.4 千字

版　　次：2024 年 9 月第 1 版

印　　次：2024 年 9 月第 1 次印刷

定　　价：46.00 元

PREFACE 前言

《幼儿园教育指导纲要（试行）》明确指出，"环境是重要的教育资源，应通过环境的创设和利用，有效地促进幼儿的发展。"对于学前儿童来说，幼儿园是他们生活、游戏和学习的地方。幼儿园环境作为一种"隐性课程"，为学前儿童的发展提供了多种可能。良好的幼儿园环境创设应既能保证幼儿的安全和健康，又能让幼儿感受到温暖和关爱。这就要求我们不仅要从空间布置、色彩搭配、艺术装饰、材料投放、精神氛围等各个层面综合考虑，还应邀请幼儿积极参与环境创设，允许他们动手动脑，发挥想象，自主设计，自主决策。相信一个经过精心设计的、体现"幼儿为本"教育理念的幼儿园环境，会由内而外地表现出对儿童的尊重、信任和接纳。

本书经过编者长期的一线教学和幼儿园实践调研，征求了许多幼儿园园长和教师的意见及建议，几经修改、完善，历时数年编写而成。本书以幼儿园真实环境创设为依据，并力求体现《幼儿园教育指导纲要（试行）》和《3—6 岁儿童学习与发展指南》的先进理念和精神，以实用、够用为度，通过大量的案例帮助学生直观了解幼儿园户外、室内常见区域的创设要求。本书分为六个单元，每个单元下设目标导航、思维导图、案例展示、思考与练习等模块，既保证了知识学习的系统性，又注重了实训环节的可操作性。

本教材具有以下特点。

第一，教材编写体例清晰，紧贴幼儿园环境创设实际。

在深入调研幼儿园环境创设实际的基础上，把教材的内容划分为幼儿园环境创设的基本理论、幼儿园户外环境创设、幼儿园室内公共环境创设、幼儿园班级环境创设、幼儿园主题活动环境创设和幼儿园环境创设评价等六个单元。每个单元都先提出学习目标，再呈现思维导图，接着通过典型案例引出基础理论知识，最后在思考与练习中让学生进一步巩固知识、提升能力，为学生踏上幼儿教师工作岗位奠定扎实的理论与实践基础。

第二，坚持岗位能力导向，彰显职业教育特色。

本书坚持以职业能力为导向，贯彻企业参与职业教育的文件精神，由高职院校专业带头人、课程骨干教师和优秀的幼儿园园长组成编写团队。课程内容融入了大量的幼儿园环境创设案例，图文并茂，遵循理论和实践相统一的原则，符合职业院校学生的认知特点，确保教材的科学性和实用性。

第三，有机融入课程思政，贯彻立德树人根本任务。

教材编写注重渗透课程思政，结合课程内容有机融入"职业道德""中华优秀传统文化"等思政元素，以培养"四有好老师"为目标，将价值观塑造、知识传授和能力培养紧密融合，通过典型案例、合作探究、动手操作、岗位实践等方式，全方位融入课程思政，将"全环境立德树人"的理念落到实处。

本书单元一由莱芜职业技术学院张荃荃编写，单元二由滨州职业学院朱希彦编写，单元三由潍坊工程职业学院丛娜编写，单元四、单元六由潍坊工程职业学院贾素宁编写，单元五由潍坊职业学院林峰云编写，贾素宁负责统稿工作。本书由孙明红担任主审。另外，潍坊高新区培真幼儿园张小仪等优秀的幼儿园园长和一线教师为本书的编写提供了丰富的案例并给予精心指导，在此一并表示感谢！

由于经验有限，书中难免存在疏漏之处，恳请广大读者提出宝贵意见和建议，以便再版时进一步完善。

编　者

CONTENTS 目录

单元一

幼儿园环境创设的基本理论

思 维 导 图

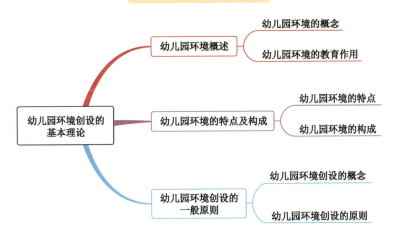

案例展示

很多幼儿园为了吸引生源、赢得口碑，十分重视物质环境建设，将幼儿园建设得像花园一样美丽。为了追求环境创设的美观，一些教师根据自己的感受考虑环境创设，"我觉得这样好看""这样不好看""小鸭子应画得逼真""卡通画不规范"。很多幼儿园甚至兴起了"包装之风"，花高价购买琳琅满目的玩具，墙上贴软软的护垫，地面铺厚厚的地毯，甚至桌椅都选用高档的进口品牌。

思考：案例中创设的幼儿园环境真的适合幼儿吗？幼儿园环境到底有哪些教育作用呢？在进行幼儿园环境创设时应注意哪些问题呢？

第一节 | 幼儿园环境概述

一、幼儿园环境的概念

（一）环境

环境是指人生活于其中，并能影响人的一切外部条件的总和。这个外部条件的总和既包括人们在社会生活中的条件和社会关系的总和，也包括人们赖以生存的自然条件的总和。

（二）幼儿园环境

《幼儿园教育指导纲要（试行）》中提出，幼儿园应为幼儿提供健康、丰富的生活和活动环境，满足他们多方面发展的需要，使他们在快乐的童年生活中获得有益于身心发展的经验。相对于一般环境而言，幼儿园环境是一种特殊的环境，它有广义和狭义之分。广义的幼儿园环境是指幼儿园教育赖以施行的一切条件的总和，它既包括幼儿园内部的小环境，也包括与幼儿园教育有关的家庭、社会、自然和文化等大环境。狭义的幼儿园环境是指幼儿园的内部环境，即幼儿园中对幼儿身心发展产生影响的物质环境与精神环境的总和。它涵盖幼儿园的全体工作人员、幼儿、幼儿园设施设备、空间布局，以及各种信息要素，并通过一定的教育制度、观念以及文化传统所组织、综合的一种动态的、有形与无形相结合的教育空间范围。

在通常情况下，幼儿园环境主要指内部环境，即狭义的幼儿园环境。

二、幼儿园环境的教育作用

心理学研究表明，环境能对人产生暗示，起到潜移默化的作用，这种作用十分深刻，在幼儿的身上表现得更为突出。幼儿园环境如同教师一般，对幼儿的认知具有激发性，使幼儿处于积极的探究状态。幼儿在各种尝试中使用材料、发现问题和解决问题，从而获得对世界的认识。幼儿园环境也是幼儿与幼儿之间、幼儿与成人之间、幼儿与物体之间互动的关键性因素，对幼儿的社会性发展产生潜在的、深刻的影响。

（一）促进幼儿认知的发展

幼儿的认知是在与周围环境相互作用的过程中不断发展的。幼儿园环境作为幼儿发展的一种刺激条件，可以有目的地塑造幼儿的某些行为习惯。一旦幼儿园环境具有明确的指向性，就可以影响或促进幼儿在特定方面的发展。例如，在饮水区，教师可以通过地板上的小脚印的方向，提示幼儿站队时应该站的位置（如图 1-1-1 所示）。也可以通过饮水区提示水龙头的方向及饮水量的图案，提醒孩子适量接水（如图 1-1-2 所示）。在这种情况下，环境就能替代教师的指导语，成为幼儿行为习惯的提示。

图 1-1-1 脚印标

图 1-1-2 饮水区

根据幼儿的学习兴趣、内容，可以将学习内容或成果展示在幼儿园的走廊、教室内；或是在环境中创设问题情境等，通过环境来激发幼儿的兴趣、呈现学习内容、延伸学习活动，从而发挥其介入功能。例如，在开展"过新年（牛年）"主题活动中，孩子们把自己和家长一起制作的牛年主题手工作品等分类整理后展示和粘贴在幼儿园走廊和教室门上，让幼儿置身于牛年的氛围中，感受"牛味"，激发幼儿对牛年的期盼（如图 1-1-3 和图 1-1-4 所示）。

图 1-1-3　幼儿园走廊

图 1-1-4　幼儿园教室门

（二）促进幼儿社会性的发展

幼儿与幼儿之间、幼儿与教师之间、幼儿与活动材料之间的交流少不了环境的支持与介入。幼儿园环境的诸多方面，如环境布置的内容及其营造的氛围会影响幼儿交往中的情绪状态，活动空间的安排及活动材料的投放等会影响幼儿交往对象的数量，从而影响幼儿的社会性发展。如幼儿园活动区（角）的创设。这种方式将活动室及室外相应空间分隔成大小不同的区域，便于幼儿自主学习，使幼儿与同伴之间的沟通与合作更为容易。有时，可在幼儿园的户外、楼梯下、走廊尽头或是教室一角设置私密空间，以满足幼儿独处的情感需要。当出现幼儿感到疲劳、遭遇失败、与同伴发生冲突等需要独处的情况时，可以到这个小空间里安静地休息，或与同伴谈心，使内心得到释放或安慰（如图 1-1-5 和图 1-1-6 所示）。

图 1-1-5　消气角

图 1-1-6　休息区

另外，幼儿在与教师、同伴、家长共同创设环境的过程中，可以与同伴进行交流、合作，逐渐学会人际交往的规范与技巧，进而逐步适应社会生活。比如在创设美食区域时，可以给幼儿提供各种各样的材料，如彩纸、彩泥等美工材料，幼儿利用这些材料进行小组合作制作各种"美食"，如"烧烤吧"的"烤串"，"美食城"的"水饺""面条"等（如图1-1-7和图1-1-8所示）。

图1-1-7　幼儿制作美食

图1-1-8　美食区

（三）促进幼儿审美的发展

对于美的认知是幼儿教育中重要的一环，幼儿能够很敏感地发现美，主动寻找美，并有可能参与到美的创作中去。因此，幼儿园环境创设不仅在于丰富幼儿园的环境色彩，让幼儿园变得更加美观，同时承担着审美教育的重要责任。幼儿园的环境整体设计一定要体现和谐美、整体美，利用一切可利用的资源，让幼儿在无声的环境中接受美的熏陶，引导幼儿认识美、发现美、创造美，提高他们的想象力和创造力。

幼儿园环境创设应在色彩、造型、布局等方面给幼儿以美的视觉感受。色彩对人的感官有直接的刺激作用，幼儿对于色彩的感受比成人更加敏感，一般来讲，高透明度、高饱和度的颜色，暖色的创意搭配，可以使幼儿产生喜悦和兴奋的心情。在幼儿园装修设计中，可采用豆黄、湖蓝和淡紫色，这几种颜色颇具温柔的自然气息，将其合理搭配可以形成活泼、欢快的环境氛围。在家具的选用上，可采用乳白、淡黄或者木质原色，体现出和谐自然的特点；造型圆浑、敦实、简洁的室外玩具更能吸引幼儿，如大象滑梯、拱形桥、蘑菇房、小鱼形状的沙坑等；幼儿园环境整体布局应做到和谐美观、动静有序、富有教育意义。

现代幼儿园提倡绿色设计，把大自然引入现代建筑空间中，用绿色的植物做点缀，创造自然、安宁、舒适的环境，真正实现环境育人。需要注意的是，有些幼儿园在颜色设计上过分强调色彩的丰富性，造成幼儿视觉混乱、情绪烦躁、注意力分散，这种做法是不可取的。

 第二节 | 幼儿园环境的特点及构成 •——

一、幼儿园环境的特点

相对于一般环境而言，幼儿园环境具有教育性和可控性的特点。

（一）教育性

作为专门的学前教育机构，幼儿园环境有着明显的教育性。幼儿园环境不是一种自然、自发或随意设置的环境，而是教育者根据幼儿园教育的目标，着眼于幼儿身心发展需要，有目的、有计划、有组织地精心创设的适宜的教育条件。《幼儿园教育指导纲要（试行）》中也明确提出，环境是重要的教育资源，应通过环境的创设和利用，有效地促进幼儿的发展。所以说，幼儿园环境绝不是装饰品，也不仅仅是硬件设备的堆砌，而是与教育相互依赖、相互包容、相互影响的。幼儿园环境创设是教育者实现教育意图的重要媒介，教育者把教育意图隐含于环境中，让环境"说话"，让环境引发幼儿的积极行为（如图 1-2-1 和图 1-2-2 所示）。

图 1-2-1　交通安全教育环境

图 1-2-2　赶走病毒教育环境

（二）可控性

幼儿园环境与外界环境相比具有可控性。一方面，幼儿园内部环境的构成处于教育者的控制下。教育者以有利于幼儿发展为选择标准，对幼儿用品进行精心的筛选甄别；另一方面，教育者能有效调控环境中的各个要素，根据教育的要求及幼儿的特点，维护内部环境的动态平衡，使之始终保持在最适合幼儿发展的状态。例如，教师观察到幼儿因某些活动材料过于简单而失去兴趣，就对材料进行更换，有效地激发幼儿对探索活动的兴趣。教师利用对环境的调控，为幼儿的发展创造了条件。在美工区投放中国戏曲脸谱，为幼儿提供了支持性的环境，有助于幼儿开展创造性的涂鸦活动（如图1-2-3所示）；在阅读区提供低矮的书架和温馨舒适的环境，能够吸引幼儿积极参与阅读活动（如图1-2-4所示）。

图 1-2-3　美工区

图 1-2-4　阅读区

幼儿园环境的教育性与可控性之间是相互联系的，环境的教育性决定了环境的可控性，使可控性有了明确的标准和方向，而可控性又保证了教育性的实现。二者具有相互依存、相互制约的关系。

二、幼儿园环境的构成

幼儿园环境从空间形态上，可分为室内环境和室外环境；从组成性质上，可分为物质环境和精神（心理）环境；从环境的构成上，可分为人的环境和物的环境；从感受方式上，有显性环境和隐性环境之别；从呈现形态上，还有软环境和硬环境之分。无论是物质环境还是精神环境，软环境还是硬环境，都是由人与物构成的。为便于系统表述和教学，我们主要从幼儿园环境的空间形态和组成性质两个维度进行讨论。

（一）按空间形态划分

按空间形态划分，幼儿园环境可分为室内环境和室外环境。

1．幼儿园室内环境

幼儿园室内环境主要是指幼儿园主体建筑物的内部环境，具体包括室内公共部分（门厅、走廊、楼梯等）、专用空间（活动室、生活区等）。

（1）门厅

门厅是所有进出人员的集散地，是幼儿、家长、教职工以及外来人员的必经之地。因此，其环境创设应格外精心，充分凸显幼儿园特色。门厅一般比较宽敞，可以考虑采用大型装饰壁画，比如幼儿的绘画、剪纸和手工作品等，也可以由专业人员设计制作，或根据主题活动、季节变化等进行布置（如图1-2-5所示）。

图1-2-5　门厅

（2）走廊

幼儿每天都会多次经过走廊，在走廊展示的内容可多次、反复展示给幼儿，因此，可以利用走廊陈设帮助幼儿学习一些生活与科学小知识。宽敞的走廊可以设置为幼儿的活动区，狭长的走廊可以设为展示区，展示幼儿的书画、手工作品等（如图1-2-6和图1-2-7所示）。

图1-2-6　幼儿园走廊1

图1-2-7　幼儿园走廊2

（3）楼梯

沿着楼梯墙面，可以设立画廊，悬挂各种工艺美术品，增加展示美术作品的空间；也可以根据楼梯特点，运用剪贴、手绘等方法制作专门的墙饰，如图1-2-8所示；在楼梯的拐角处，可巧用塑料花或植物进行点缀；楼梯的台阶、护栏上还可以配合楼层总体色调，用彩色油漆涂刷；楼梯的角落可以布置成阅读区、娃娃家等活动区，如图1-2-9所示。

图1-2-8　幼儿园楼梯1　　　　　　　　　图1-2-9　幼儿园楼梯2

（4）活动室

幼儿园的活动室按功能可分为多功能活动室、专用活动室和班级活动室三种类型。多功能活动室一般是指幼儿园里的大型活动室，可供开展音乐、体育、游戏、观摩、集会及陈列幼儿作品等活动使用，如图1-2-10所示；专用活动室是幼儿园专门设置的有着特定功能的活动室，如美工活动室、科学发现室等，如图1-2-11所示；班级活动室是幼儿园各年龄班进行教学和室内活动的基本场所，如图1-2-12所示。

图1-2-10　多功能活动室　　　　　　　　图1-2-11　幼儿园科学发现室

图1-2-12　班级活动室

（5）生活区

幼儿在生活区的主要活动是睡眠和盥洗，幼儿园一般都有专门的睡眠室和盥洗室，如图 1-2-13 和图 1-2-14 所示。生活区的色彩宜柔和，形式要简洁。

图 1-2-13　睡眠室

图 1-2-14　盥洗室

2．幼儿园室外环境

幼儿园室外环境是指幼儿园房舍以外的场所，由幼儿园大门、园所景观、各类户外游戏场所构成。室外环境包括主体建筑、园门、园区绿化区域和室外游戏活动场地等。

（1）主体建筑

幼儿园的主体建筑主要是指教学楼，其面积大，引人注目，是幼儿园形象特征的重要组成部分。主体建筑在总体设计上应有儿童的生活气息，色调要明亮、清新，富有童趣，如图 1-2-15 所示。

图 1-2-15　主体建筑

（2）园门

幼儿园大门是人们第一眼看到的东西，具有非常重要的意义。幼儿园大门的建筑形式

多种多样，但无论哪种设计样式，其色彩和造型都应该与幼儿园的整体环境和建筑风格相协调，并能体现幼儿园的教育特色，如图1-2-16所示。

图1-2-16　园门

（3）园区绿化区域

幼儿园一般以花草为主，乔灌木为辅。幼儿园种植的植被应体现季节性，春有花、夏有荫、秋有果、冬有青。同时户外绿化区域应让幼儿可以奔跑、游戏、攀爬，并能够探索自然环境中的材料，如图1-2-17所示。

图1-2-17　园区绿化区域

（4）室外游戏活动场地

幼儿天生好动，创设良好的室外游戏活动场地对于促进幼儿身心健康发展具有重要意义。幼儿园的室外游戏活动场地按照不同的活动功能可分为若干区域，常见的区域有游乐设施区、体育活动区、戏水玩沙区和种植饲养区等。

① 游乐设施区

游乐设施区是幼儿园的基础设施之一，主要设置大型游戏器械（如图1-2-18所示）。户外游戏活动的开展主要以大肌肉运动为主，可以促进幼儿身体动作技能的发展，帮助幼

儿形成健康的体魄和良好的行为习惯。

图 1-2-18　游乐设施区

② 体育活动区

体育活动区由运动场和固定器械组成，如跑道、操场、儿童运动器械等（如图 1-2-19 所示）。体育活动区要根据幼儿年龄特点、器械的功能、场地空间等要求进行设置。

图 1-2-19　体育活动区

③ 戏水玩沙区

戏水玩沙是幼儿非常喜爱的游戏活动，幼儿园应创设适宜的条件，为幼儿提供与这些自然材料亲密接触的机会（如图 1-2-20 和图 1-2-21 所示）。

图 1-2-20　戏水区　　　　图 1-2-21　玩沙区

④ 种植饲养区

在种植区可多准备一些小花盆及种植工具，让幼儿自己动手种植一些容易生长的蔬菜、花卉等（如图1-2-22所示）。在饲养区，可以饲养一些性情温和、惹人喜爱的小动物等，给予幼儿观察、接触小动物的机会（如图1-2-23所示）。

图1-2-22 种植区

图1-2-23 饲养区

（二）按组成性质划分

按组成性质，幼儿园环境可分为物质环境和精神环境。幼儿园物质环境是幼儿生活、游戏、学习以及教师和其他人员工作所需的一切物质性条件，主要包括园舍、图书、家具、游戏材料、游戏空间与设施、教育教学设备、辅助设施、室内外装饰和布置等；幼儿园精神环境是由人际关系、教育文化等要素交织在一起的气氛或氛围。其中教育观、儿童观、办园理念、人文态度、集体氛围、园本文化、园风园貌、管理机制等是幼儿园文化氛围的构成要素。师幼、同事、同伴等人际关系与沟通，教师的职业关注、保教态度、行为举止及其人格特征等是幼儿园心理环境的组成部分。

尽管与物质环境相比，精神环境是一个看不见、摸不着的无形环境，但它对身处其中的教师和幼儿的心理活动与社会行为，乃至整个幼儿园的教育活动，都有着不可忽视的、巨大的潜在影响力。

 ## 第三节 ┃ 幼儿园环境创设的一般原则 ●

一、幼儿园环境创设的概念

幼儿园环境创设是指教育者根据幼儿园教育的要求和幼儿身心发展的规律、需要，充

分挖掘和利用幼儿生活环境中的教育因素，创设幼儿与环境相互作用的活动场景，把环境因素转化为教育因素，促进幼儿身心主动发展的过程。创设整洁有序、与教育相适应的良好环境，是幼儿园实现教育目标，保证幼儿身心健康，促进其体、智、德、美全面和谐发展的必要条件。

二、幼儿园环境创设的原则

（一）安全性原则

安全的幼儿园环境是适合幼儿发展的必备条件，只有在安全的环境里，幼儿的生命健康才能得到保障，幼儿才可能获得自由、快乐的发展。安全性原则是指幼儿园的园舍建筑、设施设备、活动场地、玩具、教具等有形的物质条件必须符合国家颁布的相关卫生标准和安全标准，对幼儿的身体或心理没有危险和安全隐患，不会造成幼儿畸形发展。安全性原则是幼儿园环境创设的基本原则。具体来说，就是在规划活动室时应保证每个角落、每个区域都在成人的视线范围内；所提供的设备、家具、玩具等应采用坚固性较好、不易破碎、无锐边利角、无毒、无害、无细小零件脱落的材料，使用前应先将这些材料清洗干净，材料的设计制作要尽可能做到轻巧、美观、可清洗、可消毒。区域投放的材料（如图 1-3-1 所示）要符合卫生要求，定期更换、清理、消毒（如图 1-3-2 所示），让幼儿在活动时有舒适感。整个幼儿园的环境创设和环境互动中可能出现事故的地方都要提前考虑到，让幼儿置身于安全的环境中。

图 1-3-1　区域材料

图 1-3-2　材料消毒

环境创设的安全性原则中还有一项重要的内容是为幼儿提供安全的心理环境，如教师对幼儿的态度要亲切、对全体幼儿的关爱程度要一致，幼儿之间的交往关系要和谐，确保幼儿在园内有心理安全感。为了保证幼儿的人身安全，幼儿园在设备、人员、制度方面都要制定一系列详细的安全保护措施，防止安全事故的发生。

贯彻安全性原则并非机械地布置场地器材和简单地限制幼儿的活动，而是要认识到软件建设和硬件建设同等重要，注意精神环境和物质环境的创设齐头并进，两手都要抓，两手都要硬，以利于幼儿身心健康发展。

（二）教育性原则

教育性原则是指在创设室内外环境时要充分体现其教育性，并要符合幼儿身心全面发展的要求，与幼儿园教育目标相一致。教育性原则是幼儿园环境的根本原则。幼儿园环境的教育性体现在幼儿园的文化环境中，反映了教师充分利用环境开展教育的理念。好的幼儿园教育环境是幼儿自由探索的天地，是幼儿知识与经验建构的场所，也是幼儿快乐、健康成长的乐园。

为了充分发挥环境的教育功能，在创设幼儿园环境时，必须明确环境创设所要达到的教育目的，以教育目标为依据来创设幼儿园环境。凡是有利于幼儿发展，符合教育目标所涉及的区域，就应有相应的环境布置。例如，很多幼儿园在活动区门口设计活动区规则图片（如图1-3-3所示）；在公共楼道上印上下楼梯的箭头图；在盥洗室展示正确洗手的图示（如图1-3-4所示）。这些环境创设都是向幼儿渗透规则意识的表现。

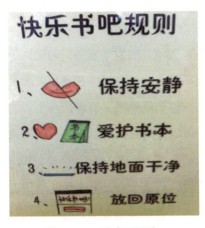

图1-3-3　活动区规则

图1-3-4　洗手示意图

另外，还要依据幼儿园教育目标，对环境教育做系统的规划。要依据学期计划和月计划、周计划的不同，设计与之相适应的环境，形成系统的、系列的环境布置，促进教育目标的完成。一般来说，现在很多幼儿园都是以主题形式来开展教学，环境创设方面会根据主题的进度变化逐步完善，环境的教育作用会随着教育内容的开展逐渐深化。

创设中班中秋主题的活动室环境

准备一些月饼盒、精美图片，开展亲子活动，让家长和幼儿合作选取和裁剪图片，教师和家长合作把这些图片做成优美的月饼拼盘墙饰。幼儿在剪图、欣赏墙饰的过程中，知道月饼是中秋节的传统食品之一，感知、认识月饼品种的丰富性、多样性。另外，可以准备一些幼儿彩笔，指导幼儿完成绘画作品，并把它们粘贴在作品专栏区。还可以布置《嫦娥奔月》故事的墙饰，让幼儿讲述《嫦娥奔月》的故事，锻炼幼儿的口语表达能力，促进幼儿的想象力和情感的发展。

（三）适宜性原则

幼儿期是幼儿身体快速发育、智力飞速发展以及个性逐步形成的关键时期，处于不同年龄阶段的幼儿，身心发展的特点表现出不同的年龄特征，即使是同一年龄阶段的幼儿，在兴趣、能力、学习方式等方面都存在很大的差异。幼儿园环境创设必须立足幼儿这一时期的特点，创设与幼儿年龄阶段、认知水平、兴趣爱好、个性特点相适宜的生活学习环境。

幼儿园环境创设应以幼儿为本，从幼儿的需求出发，为幼儿的发展服务，为幼儿所熟悉和喜欢，并以此促进幼儿全面健康发展。首先，幼儿园环境中的各种设施和设备要满足幼儿的生理需要和心理需求，让身处其中的幼儿对周围的环境感到既熟悉又有趣，产生喜欢并愿意在这里生活的情感。例如，对于刚入园的幼儿，我们可以在幼儿园门口摆放一些气球或者卡通人物的玩偶，以此拉近与幼儿的距离，让幼儿消除紧张感（如图 1-3-5 所示）。其次，幼儿园环境要符合幼儿的审美心理特征。爱美是幼儿的天性，从这个意义上讲幼儿欣赏美的能力比创造美的能力更为重要。最后，幼儿园环境要有利于促进全体幼儿的发展。幼儿园环境应源于幼儿生活并反映幼儿生活。一方面，选择那些由幼儿原创、充满稚嫩和童真的绘画、手工作品装点环境（如图 1-3-6 所示）；另一方面，通过环境促进幼儿的成长与发展。小班幼儿喜欢玩平行游戏，就应该提供同品种的玩具多一点；中大班象征性游戏水平较高，提供的玩具材料可以是一物多用的；有的幼儿的小肌肉动作发展较差，可以提供一些穿珠、拼插、剪贴、夹取等方面的材料，让幼儿进行练习（如图 1-3-7 所示）；有的幼儿大肌肉动作发展较差，就可提供脚踏车、攀登架等，让幼儿进行练习（如图 1-3-8 所示）。

图1-3-5 幼儿园大门口

图1-3-6 秋天的色彩墙饰

图1-3-7 "夹动物"材料

图1-3-8 攀登架

（四）动态性原则

动态性原则是指幼儿园环境创设不能一成不变，应注意从空间、内容、材料、规则等方面关注环境的不断生成和变化，也就是根据幼儿兴趣的转移、季节的变化、主题活动的开展等及时调整环境布置。长期固定不变的环境会限制幼儿想象力的发展，使幼儿动手参与及与周围环境之间积极互动的机会减少。因此，环境创设要常变常新，通过不同环境内容的布置、不同活动设施的设置以及不同材料的投放，来丰富幼儿的视觉感知，增加幼儿动手操作的机会，促进幼儿与环境、材料的互动。

环境的动态性原则包括两层含义，一是尽量体现"动"的形式。例如，活动区投放材料尽可能多地选择能让幼儿动手操作的低结构材料，如沙、水和废旧材料等（如图1-3-9所示）。二是体现"变化性"和"生成性"。例如，幼儿学习的主题、时间和地点应当富有弹性和变化，这样才能激发幼儿的学习兴趣并提升幼儿的学习效果。幼儿园环境可以根据自然现象和社会生活的变化而改变，可以配合教育主题的变化而变化，也可以根据幼儿兴趣点的转移而调整。

图1-3-9　活动区的材料

（五）参与性原则

传统的环境创设观认为，幼儿园教师是环境创设的唯一"责任人"，教师往往需要花费大量的精力，加班加点地布置班级环境，但很多时候效果并不好。参与性原则是指在环境创设的过程中，充分尊重幼儿的主体地位，积极引导幼儿参与环境创设的过程，并与环境发生积极有效的互动。幼儿作为学习的主体，真正参与环境创设所获得的实际体验远胜于现成环境对其产生的影响。实践证明幼儿参与环境布置能够对其自身产生巨大的吸引力，在环境创设过程中，他们不仅可以全身心投入，还可以体验成功的喜悦。同时，幼儿的责任感、自信心、成就感等良好的心理品质也得以逐步形成。

首先，要积极引导幼儿参与环境创设的过程。陈鹤琴先生明确指出："通过儿童的思想和双手所布置的环境可使他对环境中的事物更加熟悉，也更加爱护。因此，做教师的应该学会如何领导儿童运用大脑和双手来布置环境。"我们在环境创设中应尊重幼儿的需要，搜集幼儿对环境设计的意见和建议，调动幼儿参与环境创设的积极性、主动性，使环境创设的过程变成教育的过程，这样环境育人的功能才能实现。例如，在春节前夕，教师可以尝试把设计权交给幼儿，告诉孩子们这次需要更换什么样的主题，然后选择其中一个领域让幼儿参与设计和讨论。"我们要怎样才能令主题墙变漂亮呢？""我们的幼儿园门口应该怎么装饰呢？"在七嘴八舌的讨论中，幼儿可以发挥想象力，教师也能更深入地了解幼儿的想法，不断完善贴近幼儿实际的班级环境。

其次，要鼓励幼儿积极与环境进行互动。在环境创设完成后，教师还要提供机会鼓励幼儿积极与环境互动；在与环境互动的过程中，幼儿通过实践操作、亲身体验，获得对身心发展有益的经验。例如，在开展"汽车"主题的活动时，教师可引导幼儿讨论问题"汽车在什么样的路面上跑得更快"，并鼓励幼儿说出各自的答案。为了让幼儿验证自己的猜想，教师可以鼓励幼儿寻找各种高低、形状不同的积木、纸板、易拉罐等，启发幼儿运用这些材料搭建不同角度的斜坡,并提供橡胶、木板、玻璃等不同质地的斜坡面。教师可让幼儿在搭好的斜坡上进行赛车,并启发幼儿注意观察汽车速度和路面的倾斜度及光滑程度的关系。通过多次操作,幼儿就能发现汽车滑下斜坡的速度不仅与路面的倾斜度有关,还与路面的光滑程度有关,让幼儿初步了解速度与倾斜度、速度与摩擦力之间的关系。

(六)经济性原则

经济性原则是指幼儿园环境创设应考虑本园实际条件,因地制宜、突出特色、考虑实效,力求以最小的投入发挥最佳的效用,实现教育功能最大化。幼儿园环境创设要从当地实际出发,就地取材,一物多用,适当废物利用,不浪费资源,不盲目攀比。一味地追求昂贵的玩具和豪华的设备,甚至认为良好的教育环境是由高档的物质环境所决定的,这些行为和观念都应当被纠正。

贯彻经济性原则,可以从以下两个方面来考虑。

第一,挖掘地方资源优势,降低环境创设成本。幼儿园应该充分利用好当地的资源优势,就地取材,从而降低办园成本。同时,熟悉的材料还容易消除幼儿的陌生感,提高幼儿与环境的互动性。例如,南方盛产竹子,可以利用它做一些积竹、高跷,供幼儿做游戏;农村幼儿园用三合土铺的活动场地,就比水泥地省钱、安全。不少农村幼儿园的教师、幼儿和家长一起利用沙、石、水、土、玉米棒子、竹片等材料共同创设环境,制作玩具、教具等(如图1-3-10和图1-3-11所示)。

图1-3-10 农作物装饰环境

图1-3-11 "农家小院"墙饰

第二,废旧物品再利用,降低环境创设成本,同时提高幼儿参与环境创设的积极性。生活中包装盒、饮料瓶等都可以成为装饰环境的材料(如图1-3-12和图1-3-13所示)。搜集整理、二次加工、装饰布置的过程不仅使环境创设更具生活化,还可以培养幼儿的动手能力,帮助幼儿获得一定的成就感。

图 1-3-12　包装盒制作的"小汽车"

图 1-3-13　纸盒制作的"山洞"

 思 考 与 练 习

1. 什么是幼儿园环境？

2. 幼儿园环境对幼儿身心发展的价值有哪些？

3. 参观并拍照记录幼儿园的环境，整理分析不同类型的幼儿园环境的构成。

4. 参观一所幼儿园，分析该园环境创设体现了哪些原则，以及其环境创设的优点和缺点，并尝试提出建议。

单元二

幼儿园户外环境创设

目标导航

思维导图

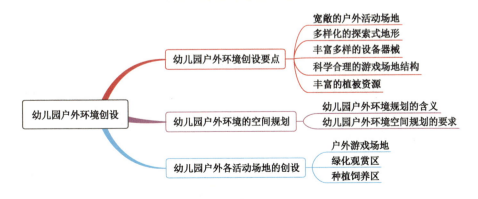

案例展示

　　某幼儿园占地面积为 4256 平方米，其中幼儿户外活动场地为 2240 平方米，操场全塑胶铺垫，塑胶场地开阔平整。环顾整个操场，在彩色塑胶地面上还排放了一些器械设施：1 条供孩子钻爬的铁鱼，6 条长塑料凳，塑料凳旁边有两个由轮胎做成的秋千，在靠近教室的走廊外侧有两面面积不大的攀爬墙，在操场的尽头处有一块草地，草地上有两架滑梯，整个户外场地上分布着一些植被，在操场一侧的围墙上挂着美术特长班孩子的作品。

　　思考：

　　1. 从这个案例中，你发现该幼儿园户外环境创设存在哪些优点和不足？

　　2. 创设幼儿园户外环境时要考虑哪些要点？

　　3. 如果请你来设计，将如何进行幼儿园户外环境的空间规划及户外各活动场地的创设？

第一节 | 幼儿园户外环境创设要点

　　幼儿园户外环境是指户外活动场地的环境，主要包括场地面积、地面质量、游戏设施、游戏场地的结构安全和绿化等。幼儿在户外活动，一方面可以亲近大自然、认识周围的事物；另一方面，可以呼吸新鲜空气，接受阳光照射，增强自身对外界环境的适应能力，促进身体的生长发育。

　　《幼儿园工作规程》明确规定，幼儿每日的户外活动时间在正常情况下不得少于 2 小时。寄宿制幼儿园，幼儿每日户外活动时间不得少于 3 小时。因此，创设最有利于幼儿发展的户外环境非常重要，它能让幼儿玩得更好，得到更多的锻炼和更好的发展。

幼儿园在户外环境创设中应充分考虑或注意以下四个方面。

一、宽敞的户外活动场地

2019 年修订的《托儿所、幼儿园建筑设计规范》中指出，幼儿园每班应设专用室外活动场地，面积不宜小于 60 平方米，人均面积不应小于 2 平方米。各班活动场地之间宜采取分隔措施；此外，幼儿园应设全园共用活动场地，人均面积不应小于 2 平方米。幼儿园应根据户外面积合理招生，避免人数过多、人均空间密度不够而出现拥挤现象。对于户外场地面积较小的幼儿园而言，为避免出现活动拥挤，一方面，可以通过年龄班错时、班级轮流、交替进行户外活动；另一方面，也可以通过开辟立体活动空间等来改善户外活动条件。例如，可利用楼顶设计安全设施齐备的屋顶游戏场地，并进行相应的立体绿化；利用墙壁安装横向攀岩设施；在高大的树下挂爬绳，安放摇椅、跷跷板等；在树木间搭建秋千、树屋、轮胎墙和铁索浮桥等（如图 2-1-1、图 2-1-2 所示）。这样可以将不妨碍幼儿运动的小空间充分地利用起来。

图 2-1-1　树屋和轮胎墙

图 2-1-2　铁索浮桥

二、多样化的探索式地形

目前多数幼儿园为了确保幼儿的人身安全，过分追求所谓的"高档化"和"现代化"，整个户外活动场地铺设塑胶地面、人工草坪等，放置几个大型活动器械，而原生态的草坪、沙池、土地等被看作"落后"场地而弃用，整个户外环境看起来很单薄，趣味性和可探索性差，缺乏对活动场地的整体结构设计。幼儿开展的游戏活动多种多样，因此地面的设计也应该多样化，如沙地、石地、水泥地、塑胶地、水面和草地等（如图 2-1-3、图 2-1-4 所示）。地面也要富于变化，有高有低、有凸有凹（如图 2-1-5 所示）、有平面、有斜面和阶梯（如图 2-1-6

所示）等。丰富多样的地形，一方面，可让幼儿亲近大自然，认识周围的事物；另一方面，可提供给幼儿更多的感官刺激，让幼儿感知多种不同的环境和物质的特性。同时，环境本身的可探索性还能激发幼儿参与到许多有创意的活动中去，从中收获更多的活动体验。

图 2-1-3　多样化的地形

图 2-1-4　水上活动

图 2-1-5　有凸有凹的地面

图 2-1-6　有阶梯的地面

三、丰富多样的设备器械

设备器械对于幼儿的发展是非常重要的。在配备器材时，首先应考虑幼儿的身体发育水平，以方便幼儿操作活动为原则，投放适合不同年龄段幼儿使用的器械设备。例如，小班幼儿肢体动作发育尚不完善，容易摔跤，为了确保幼儿安全，可以铺设软垫、塑胶地面等，在人造草坪上适当投放一些小型玩具，如皮球、坦克履带（如图 2-1-7 所示）、拱形圈、沙包、毽子、降落伞等，供幼儿拍打、钻爬、抛接等。中大班幼儿开始喜欢有一定难度和挑战性的活动，则可以设置沙池（如图 2-1-8 所示）、吊环、空中长廊（如图 2-1-9 所示）、高空滑索、攀爬区（如图 2-1-10 所示）、平衡木、单双杠、跳箱、轮胎等，让幼儿去探索。其次，器械设备的数量和类型要丰富多样，以满足幼儿的需求及促进幼儿各种动作的全面发展，同时还应配备一些有利于幼儿合作活动的器械游戏（如图 2-1-11 所示）。再次，还应坚持经济性原则，鼓励教师和幼儿自制器械设备。例如，可以利用废旧轮胎做一些秋千挂在大树上或堆一些土坡供幼儿活动（如图 2-1-12 所示）。最后，投放的器械设备要符合国家制定的卫生要求和规格标准，以免给幼儿带来隐性伤害。此外，应经常检查器械设备是否牢固，定期维护检修。

图 2-1-7　坦克履带

图 2-1-8　沙池

图 2-1-9　空中长廊

图 2-1-10　攀爬区

图 2-1-11　建构区

图 2-1-12　废旧轮胎再利用

四、科学合理的游戏场地结构

设置科学合理的游戏场地结构应注意以下几点。首先，在设计游戏场地时，户外游戏场地应有不同的区域划分。幼儿园户外环境一般分为以下三大功能区：一是运动功能区，主要包括走跑跳区（如图 2-1-13 所示）、投掷区、钻爬区、平衡区、攀登区（如图 2-1-14 所示）、骑行区、悬吊区等；二是观察感知区，主要包括植物园、种植园、饲养区、草丛等；三是游戏体验区（如图 2-1-15 和图 2-1-16 所示），主要包括娃娃家、建构

区、沙池、水池、玩泥区、玩石区等。其次，各区域安排合理。在规划游戏场地时，一方面要全面考虑各区域之间的关联性与协调性，另一方面也要充分考虑安全因素。比如，投掷区域应远离其他区域，设置在场地边缘最佳，而且应比其他区域规划更大的空间，在投掷时应保证安全的距离，对投掷方向也需进行控制。再次，各区域之间要有过渡。最后，区域设置应该能满足幼儿的不同需要。例如，运动功能区中的滑梯、秋千、跷跷板、攀爬架及旋转木马等，主要目的是满足幼儿大肌肉活动的需要；观察感知区中的动植物主要是满足幼儿认知的需要；游戏体验区中的娃娃家、游戏小屋、小城堡等，主要是满足幼儿社会性交往的需要。

图 2-1-13　走跑跳区

图 2-1-14　攀爬树

图 2-1-15　游戏体验区 1

图 2-1-16　游戏体验区 2

五、丰富的植被资源

住房和城乡建设部发布的《托儿所、幼儿园建筑设计规范》明确规定，托儿所、幼儿园场地内绿地率不应小于 30%，宜设置集中绿化用地。所以，幼儿园户外环境中要栽种丰富的植被，进行适当的绿化。有条件的幼儿园要结合本园活动场地铺设草坪，利用草坪让幼儿练习攀爬、跳跃等。在场地允许的情况下，可开辟一个植物园（如图 2-1-17、图 2-1-18

所示），栽种种类丰富的品种，乔灌结合，草本木本结合，藤类缠绕，立体绿化，三季有花，四季常青，春夏赏花，秋可尝果；户外场地紧张的幼儿园，可在角落或边界处种植植被。在高大的树木间设计和搭建树屋、高空滑索、空中长廊、秋千等。此外，还可开辟小农场（如图 2-1-19、图 2-1-20 所示），种植水稻、玉米、小麦、花生、地瓜、西红柿、黄瓜、白菜、萝卜、草莓等蔬菜、瓜果，让幼儿参与种植，观察植物及其生长变化，避免使幼儿成为四体不勤、五谷不分的温室花朵。

图 2-1-17 植物园大门

图 2-1-18 植物园俯瞰图

图 2-1-19 小农场 1

图 2-1-20 小农场 2

 第二节 | 幼儿园户外环境的空间规划 •——

《幼儿园教育指导纲要（试行）》中指出，环境是重要的教育资源，应通过环境的创设和利用，有效地促进幼儿的发展。幼儿园户外环境是幼儿开展户外游戏和体育活动的主要场所，也是幼儿感知自然和社会的窗口，对幼儿的身心发展发挥着不可替代的重要作用。因此，幼儿园户外环境需要精心规划。

一、幼儿园户外环境规划的含义

幼儿园户外环境规划是指要根据幼儿园户外环境的条件，合理利用户外环境的地形、地貌和空间，科学设置不同的区域，有效投放材料，使幼儿在规划良好的户外环境中安全、快乐地游戏与发展。

二、幼儿园户外环境空间规划的要求

（一）幼儿园户外活动场地类型应多样化

在现代教育理念的影响下，人们认识到学前教育应促进幼儿的全面、多元化发展，在幼儿园户外环境的创设上，也应做到多样化和多元化。多样化的户外活动场地，不仅可以吸引幼儿在户外开展各种不同类型的活动，而且可以满足幼儿各方面发展的需要。户外活动场地主要有集体游戏活动场地、固定游戏器械活动场地、绿化观赏区、沙土游戏场地、种植饲养区、戏水池等，主要目的是满足幼儿的游戏娱乐及各种感觉和运动能力的发展需要。绿化观赏区包括森林游乐园和植物园等（如图2-2-1、图2-2-2所示），以满足幼儿观察、探索等认知的需要及合作交往等社会性需要。种植饲养区主要是满足幼儿对动植物的认知及劳动的需要等（如图2-2-3、图2-2-4所示）。

图 2-2-1 森林游乐园

图 2-2-2 植物园

图 2-2-3 种植区

图 2-2-4 饲养区

（二）户外环境空间规划要合理

1. 合理设置不同的活动区域

首先，要合理设置功能不同的活动区域。在规划幼儿园户外环境空间时，应考虑依据幼儿园户外环境的地形、地貌等自然条件来规划和设置户外活动区域。例如，根据活动场地的大小灵活设置活动区域。面积较大的场地可作为集体游戏场地并设置大型活动器械；面积较小的场地，可设置独木桥、铁索桥、攀登架等富有自然情趣的活动区域。其次，要合理设置与搭配活动量不同的活动区域。在相对安静、活动量较小的区域，可以提供大型积木、吊床（两棵树之间挂一个用粗绳结成的吊床）、摇椅（在树上挂一个用轮胎做成的摇椅）、游戏小屋等；在吵闹的、活动量较大的区域，可放置滑梯、跷跷板、攀爬网等运动器械。在安静的、活动量较小的区域与吵闹的、活动量较大的区域之间可设计一些过渡环节，使活动量由小变大或由大变小。比如，设置平衡木，让幼儿锻炼平衡能力。

2. 通过改变地面材料来界定户外不同活动区域

各活动区域应具有明显的标志和确定的活动范围，方便幼儿自主选择，也可以通过改变地面材料来界定户外不同活动区域。例如，在大型活动器械下面铺设一定厚度的沙地，为带轮子的玩具设置硬化的道路等。应该注意不同活动区域之间的合理过渡。例如，把安静的游戏区域安排在邻近教室的地方，一方面，不会干扰室内的活动或游戏；另一方面，也方便幼儿进出室内外。

（三）合理利用有限的户外活动空间

一些建立较早的幼儿园或位于市中心的幼儿园，户外活动场地有限，无论是向内发掘还是向外拓展都存在很大困难。在这种状况下，幼儿园该如何利用有限的户外活动空间呢？

1."固定"与"机动"相结合，灵活安排场地

首先，在位置上"固定"与"机动"相结合，灵活安排活动场地、投放活动器械。幼儿园可以在相对独立的场地上安放一些固定的游戏活动器械，如滑梯、跷跷板、攀登架等，并且设置班级轮流活动表，让每个班级在固定的时间内轮流组织幼儿开展户外游戏活动，避免因场地或活动器械的局限而导致班级间相互干扰和冲突。在集体活动之外的公共活动场地上，各班教师可以根据本班幼儿的兴趣、需要等，利用灵活、可移动的小型活动器械和游戏活动材料等临时构建各种活动区域。其次，在时间上灵活安排场地。对于一些场地较小的幼儿园，在活动时间上，应对小、中、大各班级的作息时间进行协调，错开幼儿集体操和户外分散活动的时间。避免出现较多班级同时在同一场地内活动，保证幼儿的户外活动在相对独立、固定的时间和空间进行。

2．内外互动，地面、地上互动，扩大活动范围

由于历史问题而缺乏户外场地或户外场地过于狭小的幼儿园，应想方设法拓宽幼儿户外活动的空间。首先，幼儿园应考虑充分利用所在社区的绿地、公园及居民休闲场地来扩大幼儿户外活动的范围；其次，扩展地面上的空间资源。幼儿园可沿着围墙开辟空中长廊（如图 2-2-5 所示）或在高大的树木之间搭建树屋、攀爬网（如图 2-2-6 所示）等，扩大空间范围。幼儿园还可以开发屋顶作为游戏场地，但必须设置安全护栏。可以在屋顶游戏场地上种植绿藤等，营造一个良好的微气候环境。最后，充分利用走廊、过道等空间资源，设计一些适宜在走廊、过道中开展的游戏活动项目。

图 2-2-5　空中长廊

图 2-2-6　攀爬网

（四）户外场地需有边界

幼儿自我保护意识和危险意识淡薄，划定活动区域的范围，设立明确的区域活动边界可以在很大程度上保证幼儿的安全。尤其是当幼儿沉浸于活动中时，很难对外部环境的干扰做出快速反应，边界围护也能起到减小甚至排除外界干扰或危险的作用。

户外环境的场地边界可以分为两种：一种是指户外活动场地与其他外界空间分隔而独立存在的围护形式。另一种是指幼儿园户外场地相互之间的分隔。

幼儿园户外活动环境的边界有两个基本的功能：第一，对内围护的功能，边界范围内形成较完整的户外活动空间。例如，沙池周围用轮胎环绕一周，划定了沙池的活动范围，有利于周围环境的干净、整洁。第二，对外防范的功能，将幼儿园户外活动环境与周边的交通干道相隔离，增强幼儿户外活动的安全感。幼儿园户外活动环境应明确边界，边界的外周结构应该有相应的高度，避免幼儿攀爬。但各场地也应具有一定程度的联系来鼓励不同群体之间的交流。

（五）其他户外设施的配置要求

幼儿园其他户外设施配置主要包括户外地面的铺装、植物绿化和景观小品三部分，对这三部分设施的配置也有一些基本的要求。

1. 地面铺装的要求

幼儿园地面铺装包括场地的地面铺装和道路的地面铺装。在设计幼儿园户外环境地面铺装时，必须要考虑幼儿的安全问题。户外环境的地面既要铺装硬质的地面，也要铺装软质的地面。地面铺装应美观、平整、易保持整洁，缝隙不可过深、过宽。道路应采用硬质材料进行铺装，可用不同大小、不同形状以及不同颜色的混凝土块、水磨石、铺地砖或鹅卵石等铺成漂亮图案的硬质地面，从而达到趣味性、装饰性的效果（如图 2-2-7、图 2-2-8 所示）。公共活动场地和器械活动场地从安全性角度考虑应采用软质的材料铺装，以确保幼儿的安全（如图 2-2-9 所示）。

图 2-2-7　水磨石与土地的结合

图 2-2-8　砖地与草地的结合

图 2-2-9　塑胶场地

2. 植物绿化的要求

幼儿园植物绿化不仅可以美化环境，还可以改善幼儿园空气质量、减弱噪声。同时，幼儿可以从参与植物种植中得到乐趣。因此，幼儿园户外环境中要合理设置植物绿化面积。首先，幼儿园的植物绿化应考虑植物的栽种位置，要根据本园场地的实际条件和设施状况综合设置。例如，集体游戏场地中不宜种植高大的乔木，而在有固定器械的活动场地中则应种植高大的乔木用于遮阴。其次，幼儿园在植物的选择上应注意多样化，选择易成活的植物，并且要做到不同种类的植物相互结合，如常青树与落叶树结合、草本与木本结合、乔木与灌木结合等（如图 2-2-10 所示）。同时，在幼儿园户外环境中，可适度地选择种植一些生活习性特别、造型奇特、颜色多样的植物，以激发幼儿的探索兴趣（如图 2-2-11 所示）。最后，幼儿园要严禁种植具有刺激性、有毒、有刺等存在危险的植物，以免伤害幼儿。

图 2-2-10　草本与木本的结合

图 2-2-11　种植植物

3. 景观小品的要求

幼儿园户外景观小品主要包括亭、廊、雕塑（如图 2-2-12、图 2-2-13 所示）、座椅、坐凳、水池、花坛等。景观小品对户外环境起着补充和点缀作用。富有创意的景观小品可以陶冶幼儿的情操，促进幼儿身心健康地发展。

在布置景观小品时，幼儿园应根据自身的条件与规模而做相应的增减。即户外空间充足的幼儿园可以布置种类较多、功能较完善的景观小品；户外场地紧张的幼儿园可以布置种类较少、附加功能较少的景观小品。由于幼儿期特有的生理特点和心理需求，在设计幼儿园户外环境中的景观小品时，应以具体、形象、生动、色彩鲜艳为原则。

图 2-2-12　小鹿雕塑

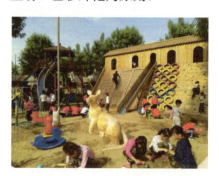

图 2-2-13　袋鼠雕塑

第三节 | 幼儿园户外各活动场地的创设

幼儿天生好动，创设良好的户外活动环境对于促进幼儿身心健康发展具有重要意义。《幼儿园工作规程》规定，幼儿园应当有与其规模相适应的户外活动场地，配备必要的游戏和体育活动设施，创造条件开辟沙地、水池、种植园地等，并根据幼儿活动的需要绿化、美化园地。

根据幼儿园户外环境的功能，可将其划分为三大区域：户外游戏场地、绿化观赏区、种植饲养区等。

一、户外游戏场地

户外游戏场地主要有集体游戏场地、固定游戏器械活动场地、沙土游戏场地、玩水区、户外建构区、户外游戏小屋、户外涂鸦区等。

（一）集体游戏场地（集体活动区）

集体活动区是幼儿进行集体活动的区域，可供幼儿集体做操、上体育课、进行集体户外游戏等活动。因此，幼儿园应设置相对比较宽阔、平整的活动区（如图 2-3-1 所示），尽可能地把中心区域作为集体活动区，在条件允许的情况下可规划几个相对比较集中的场地，以便不同的班级能同时开展活动，如小、中、大班各有一个活动区。活动区的地面最好是有弹性的，有条件的幼儿园可以将地面全部软化，铺设草坪或塑胶地面；没有条件的幼儿园保留土质地面即可，不要用水泥和砖块硬化，以免幼儿活动时受伤。为了便于活动的开展，可以在活动场地上做相应的标记。比如，标上"圆圈"或"点"以提醒幼儿做操时站的位置以及队列队形，画上直线代表跑道以便于幼儿分组开展竞赛性游戏等（如图 2-3-2 所示）。同时，集体活动区还要开展多样的游戏活动，利用率高。因此，集体活动区原则上不应该有固定的游戏设施摆放，而是一片适宜儿童玩耍的空地，教师提供一些辅助的、可移动的活动器材以便于幼儿进行活动。最好在四周设置些许玩具储藏柜或储藏室，并栽种高大的乔木，保证夏季能提供绿荫。

图 2-3-1　宽阔的活动区

图 2-3-2　竞赛性游戏

（二）固定游戏器械活动场地（器械设备区）

器械设备区放置各种大、中型体育活动器械与设备，如滑梯、秋千、平衡木、爬网、跷板、攀登架、戏水池、沙坑、土堆等，以供幼儿练习与发展基本动作，锻炼身体活动能力。器械设备区是组成幼儿园户外环境中最为重要和灵活的部分。高品质的器械设备区能给幼儿提供更加广泛、多样的活动方式，增加游戏的机会，真正激发幼儿"玩"的兴趣，在玩中促进幼儿各种感觉（速度感、空间感、节奏感、平衡感等）和运动能力的发展，锻炼身体，开发智力，增加社会认知，促进人际交往能力的发展。幼儿园的器械设备主要有滑行式器械、摇荡式器械、攀登式器械、旋转式器械、平衡式器械、钻爬式器械、起落式器械、堆筑式器械等。

在设计器械活动区时，幼儿园需要注意以下几点。

首先，器械活动区应以软性地面为主，可将器械活动区设在塑胶场地、草坪或沙土地上，防止幼儿摔伤。

其次，应根据幼儿园实际情况合理利用空间。如果幼儿园户外空间较大，器械活动场地可设置在任意空间，相互之间要保持一定的防护距离，防止幼儿在器械间穿行时被误伤，并在出口着地处铺设缓冲撞击的软垫；反之，如果幼儿园户外空间不足，可将几种功能的器械设备集于一体，并和沙池或土地组合在一起，以节省空间和成本（如图 2-3-3、图 2-3-4 所示）。

图 2-3-3　攀爬区和玩沙区组合

图 2-3-4　滑梯和玩沙区组合

最后，要定期检查、维修，及时消除事故隐患。

（三）沙土游戏场地

玩沙土可以促进幼儿动作发展，尤其是促进幼儿小肌肉动作的发展。比如，幼儿在沙土游戏场地中挖一条河或一个洞，这个过程就包含倾倒、混合、填充、灌注、塑造等动作。玩沙土还可以让幼儿感知沙土的特性，促进幼儿对周围环境的认知。比如，通过玩沙土，幼儿能够认识到沙土具有极强的可变性和可塑性。另外，玩沙土也可以培养幼儿的创造力。幼儿可以尽情地发挥想象，利用各种辅助工具将沙土塑造成城堡、高山、马路、隧道等。因此，幼儿园应根据自身的具体情况，因地制宜地设置沙土游戏场地（如图2-3-5、图2-3-6所示）。

图 2-3-5　土堆　　　　　　　　　　　　　　图 2-3-6　沙池

在设计沙土游戏场地时，幼儿园需要注意以下几点。

首先，沙土游戏场地位置应选择在向阳背风处，四周最好有高大的树木，夏季提供树荫，避免幼儿受到过强日晒。将沙土游戏场地设在靠墙或者树荫下，既有利于幼儿健康，又能给沙土进行日光消毒。

其次，沙池的面积一般不宜超过30平方米，深度为0.3米～0.5米，边缘应高出地面以防止沙土流失和泥水流入。

再次，沙土游戏场地里的沙土必须经过筛选，确保其中没有尖利的石子等有安全隐患的物质，也应定期翻晾、洒水、检查、除杂物。

最后，幼儿园应为幼儿提供一些玩沙土的辅助工具，如轮胎、铲子、筛子、小桶、动物造型容器等。

（四）玩水区

玩水同玩沙土一样，也对幼儿身心发展具有积极的意义。在玩水活动中，幼儿可以了

解水的特性。教师可以提供一些辅助工具，如纸、塑料、泡沫、木棍、石头、树叶等材料，启发幼儿利用水做些小游戏，让幼儿在游戏的过程中，了解干湿、冷热、沉浮、浸入、灌注、干净、脏等概念。幼儿园最常见的玩水区就是戏水池，它可以与游戏池相结合，或是二者合二为一。条件好的幼儿园还可以设计一些其他的玩水区，如沟渠、小瀑布、喷泉、赏鱼区等，集活动性、娱乐性、欣赏性于一体。

幼儿园在设计玩水区时要注意以下几点。

首先，戏水池面积应适中，至少满足 2 个班幼儿同时玩水用，水深不应超过 0.3 米。其次，玩水区的造型应活泼、多样，符合幼儿的心理和审美特点。最后，玩水区可以和沙土游戏场地相邻（如图 2-3-7 所示）。这样既方便幼儿玩沙土后洗手，又可以为沙土游戏场地供水。

图 2-3-7 沙池与水池相邻

（五）户外建构区

与室内建构区相比，户外建构区有更加自由、开放的大空间，幼儿身体可移动范围更大、视野更开阔、思维更敏捷，这使幼儿在户外建构的作品的数量更多，种类更丰富，并且更易创作超越幼儿生活经验、抽象化程度更高的童话类作品。此外，户外建构目的性明确，多是为游戏而搭建，利用成功完成的建构物来开展角色游戏，且建构过程伴随着极大的游戏性；户外建构更易引发群体合作搭建，发展幼儿的合作能力。因此，条件好的幼儿园应在宽敞、平整、靠墙的位置设置一个固定的户外建构区（如图 2-3-8 所示）。建构区的活动具有一定的连续性，可能上午未完成的建构下午还要继续，因此，一方面要给幼儿提供可以充分利用的空间；另一方面，要避免来回走动破坏搭建的物品。

可在户外建构区为幼儿投放大型积木（如图 2-3-9、图 2-3-10 所示），这种积木体积较大，形状有半圆形、长方形、正方形、三角形、梯形、拱形等，也可投放形状相同但大小、厚薄不同的积木，数量要多，种类要全。

幼儿园在创设户外建构区时要注意以下几点。

首先，场地周围要设有积木存放区，用来存放积木。

其次，在活动之前，教师要强调各种游戏的规则。

最后，活动结束后，教师要提醒幼儿将活动材料放回原处，并摆放整齐（如图 2-3-11 所示）。

图 2-3-8　户外建构区

图 2-3-9　大型积木 1

图 2-3-10　大型积木 2

图 2-3-11　户外积木存放区

（六）户外游戏小屋

幼儿园可以在户外环境中根据幼儿的身高、体型设计童话式小城堡或小木屋等微缩建筑，室内再配上小型的家具或玩具，便于幼儿开展各种角色游戏、建构游戏等，这会增加幼儿在户外游戏时的趣味性，并增加幼儿间社会性交往的机会。比如，利津县第二实验幼儿园，在户外环境中给幼儿创设了一处逼真的农家小院，矮屋矮墙、小门小窗，农家小院里的所有生活设施都是按照幼儿的身高比例设置的，并且在其中投放一些农家生活食品、用品，如麦子、玉米、大米、带壳花生、小石磨、小锯、木条、麦秆、面团、大红枣、馒馒模、擀面杖、剪刀、彩纸等。幼儿可以利用这些游戏材料进行推石磨、做面点、搓玉米、剥花生、锯木头、剪窗花等活动（如图 2-3-12、图 2-3-13 所示）。通过这些活动，幼儿可以感受农家生活及劳动的乐趣，同时也可以提高做家务的能力、动手能力等，促进幼儿手部

小肌肉动作的发展、幼儿之间的合作和语言的发展。

图 2-3-12　搓玉米

图 2-3-13　锯木头

幼儿园在创设户外游戏小屋时要注意以下几点。

首先，活动之前，教师要事先强调各种玩法的规则。

其次，活动结束后，教师要提醒幼儿将活动材料放回原处，并摆放整齐。

最后，户外游戏小屋的布置也可以充分结合当地民风民俗，体现地域特色。

（七）户外涂鸦区

户外涂鸦不同于室内桌面上的绘画活动，它对幼儿更有吸引力、更能激发幼儿的创作欲望。因此，幼儿园可以把户外活动与绘画活动结合起来，生动的生活体验会激发幼儿进行自主创作及表达，这不仅可以丰富幼儿的户外生活，而且可以提高幼儿观察生活、描绘生活的能力。幼儿园可以利用户外围墙为幼儿设计一面自由墙，墙面可以是黑板（图 2-3-14），可以是能够擦掉、重复使用的瓷砖，也可以是用绘画纸裱糊的墙面。

幼儿园可以让幼儿在能够擦掉的游戏设施上（如图 2-3-15 所示的宇宙飞船、如图 2-3-16 所示的纯净桶与保鲜膜、如图 2-3-17 所示的 PVC 管等）用粉笔、水彩笔、毛笔等工具涂画。

图 2-3-14　黑板墙面

图 2-3-15　宇宙飞船

图 2-3-16 纯净水桶与保鲜膜相结合

图 2-3-17 PVC 管

二、绿化观赏区

绿化观赏区是幼儿园户外环境中种植植物的用地，一般包括花草、树木、草地等。《托儿所、幼儿园建筑设计规范》明确规定，托儿所、幼儿园场地内绿地率不应小于 30%。因此，幼儿园应有足够的绿化面积，理想标准是达到全园总面积的 40%～50%。绿色植物可以起到净化空气、调节气候、减少噪声、美化环境的作用。幼儿园栽种的绿化植物要乔、灌、花、草、藤多种类兼顾，以实现"三季有花、四季常青"的景观效果。幼儿园外周可以栽种高大乔木和灌木，植成绿化林带；园内以花、草、藤为主，不宜种植高大的树木，以免影响室内的自然采光。此外，还可以充分利用树木资源，开发很多有意义的游戏设施。比如，可利用高大的树木开展树上拓展活动，在高大的树木间设计和搭建树屋、高空滑索、空中长廊、秋千等。因此，幼儿园的绿化观赏区也是提高幼儿园整体环境质量的一个重要手段，既能优化育人环境，又能承载教育功能。

（一）植物园

若幼儿园户外空间充足，可单独开辟一个植物园（如图 2-3-18 所示），除了种植各种观赏类的绿植，还可以种植一些易于管理的果树，如苹果、山楂、海棠、柿子等。可组织幼儿给果树施肥、浇水、拔草，采摘果实等（如图 2-3-19 所示），让幼儿体验劳动的乐趣，享受自己劳动的成果。此外，可在植物园里吊挂秋千、摇椅等设施，让其成为幼儿游戏的场所。保留植物园中土质地面，铺设鹅卵石小路。如果幼儿园户外场地紧张，可在角落或边界处种植植被。

幼儿园园区绿化植物的选择还必须着眼于给幼儿创造安全的活动环境。园区内不宜栽种有刺激性、易发生病虫害、易引起过敏的植物，如漆树的树液有刺激性，极易使幼儿皮肤过敏；法桐的花粉容易引起幼儿皮肤过敏、呼吸道不适；松树、月季、凤尾兰等长有钩刺的植物应尽量少种或不种；易发生病虫害的植物，如枣树、榆树等也应尽量少种植。

图 2-3-18 植物园

图 2-3-19 植物园采摘

（二）草坪

草坪是幼儿嬉戏的场地，有条件的幼儿园可以种植大面积的草坪，若能够配合地势起伏的微地形来建设草坪，则更能增加游戏的变化性、刺激性与挑战性。草坪不仅供观赏，也应允许幼儿进入其中玩耍（如图 2-3-20 所示），如滚爬、奔跑、跳跃等，这不仅能够让幼儿与大自然充分亲近，增强对环境的认知，而且能够锻炼其勇气和胆识，开阔兴趣思路，使幼儿性格更加健全。没有条件的幼儿园可铺设人工草坪或带状草坪，或者在裸露土壤的地面铺设草坪，作为软化地面的手段。

图 2-3-20 草坪玩耍

三、种植饲养区

动物和植物是大自然中最具有生命气息、最吸引幼儿的一部分。幼儿园的种植和饲养活动是幼儿亲近大自然的方式。在种植和饲养活动中，幼儿与动、植物共同成长，他们可以从中获取关于动、植物生长的知识经验，同时还可以满足幼儿动手操作的需要。种植饲养区是幼儿进行教育实习的基地，通过在户外环境中的劳作来学习和体会，将书本的知识更加形象化地体现出来，便于幼儿理解。因此，幼儿园应该为幼儿开辟种植区和养殖区。

（一）种植区

种植区是供幼儿种植庄稼作物和蔬菜的场所，幼儿在种植区可以亲身体验播种、耕耘，观察植物生长变化的过程。其作用体现在多方面：第一，增加幼儿对周围环境的认知，获取丰富的植物科学经验。从活动程序来看，在播种时幼儿可了解不同类别的种子，习得种子萌发的条件等；在管理时可了解植物的生命周期，不同生长阶段的需求，对植物的不同部位和功能进行对比和分类；在采收时可交流果实成熟度的判定标准、收割方式、食用部位等。第二，有助于幼儿了解植物与人们的密切关系，从小培养幼儿节约的品质。例如，麦子成熟后，幼儿动手参与收割麦子，捻出麦粒，磨成面粉，与教师一起完成不同花样的面点，懂得各类植物和人类的饮食息息相关，明白要珍惜粮食的道理。第三，参与种植的过程能够培养幼儿的责任心和热爱劳动的品质，以及锻炼幼儿的观察能力和探索精神。在种植过程中，幼儿通过参观和辅助成人栽培植物，如整地、修菜畦、施肥、选种、播种、移栽、浇水、松土、除草、追肥、收获、留种等，观察植物及其生长变化，培养观察和记录的能力，萌发责任意识。总之，种植区不仅可以让幼儿体验劳动的乐趣，培养劳动的意识和能力，而且也是幼儿认识自然的重要课程。

幼儿园在创设种植区时要注意以下几点。

（1）每班都应该拥有一块小地，每位幼儿都有参与种植、培育和收获全过程的机会。条件好、场地较大的幼儿园可设置种植区；条件有限的幼儿园可以充分利用幼儿园墙角的泥土地，或利用塑胶盒、玻璃杯、采集箱等进行种植。

（2）种植区应设置在向阳地段，以便于植物的生长。供幼儿种植的垄应窄一些，而供孩子走动的垄与垄之间的距离应宽一些，便于幼儿种植、操作和观察。

（3）所种的植物生长的速度要快，成熟的周期要短。应该选择那些短期内变化显著，能较快结出果实，从而展示完整生命周期的品种，如水稻、玉米、小麦、棉花、花生、红薯、西红柿、黄瓜、白菜、萝卜、草莓等，让幼儿体验到丰收的喜悦（如图2-3-21、图2-3-22所示）。

图2-3-21 收水稻

图2-3-22 拾棉花

（4）引导幼儿积极观察、发现、记录植物的生长情况。鼓励幼儿用眼看，用笔画，用手触摸，用鼻子闻；提供各种观察和测量的工具，如用放大镜观察植物的细小部位、用尺子去测量植物的高度等。

（二）饲养区

幼儿喜欢动物，和动物有着天然的亲近感。如果幼儿园的户外空间较大，可以设置饲养区，供幼儿喂养和照管习性温顺的小动物，满足幼儿的心理需要，提高幼儿的观察力和探索力，培养幼儿的责任心和爱心等。如果幼儿园的面积有限，幼儿不能在室外跟动物接触，幼儿园在室内也应尽量设置动物角，饲养小乌龟、小金鱼、小蝌蚪、蚕等适合室内饲养的动物。饲养区的设置能让幼儿真切地感受动物的成长变化，感受生命的存在，以及自己的行为与动物生命之间的关系，从而真正感知生命、珍惜生命。

幼儿园在设置动物饲养区时应注意以下几点。

（1）饲养区要远离幼儿生活和学习区域，应设置在偏僻处，要考虑风向等特点，有时需要根据季节变换位置。

（2）饲养无危险、容易成活的动物，如羊、兔、鸡、鸭、鹅、鸽子、乌龟、金鱼等，以便幼儿观察并习得动物的种类、外形特征、生长过程和生活习惯等方面的知识。

（3）饲养房（笼舍、小屋）应有门窗和孔眼（或栅栏），周围留有空地，便于幼儿和成人观察、饲养和清扫。同时，饲养房还要注意采光问题。

（4）在饲养活动中，幼儿可以帮助成人收集饲料，辅助成人喂养、管理（如图 2-3-23 所示），学习简单的饲养技能，观察动物的生长变化、生活习性、外形特征，并做好观察记录。每种动物都要配上标识牌（如图 2-3-24 所示）。

图 2-3-23 喂养小动物

图 2-3-24 饲养区标识牌

思 考 与 练 习

1. 根据本单元所学知识，为某幼儿园设计一个户外环境规划图。

2. 利用幼儿园见习周，拍摄一组幼儿园户外环境照片，并在班级内讨论其户外环境规划是否合理，并阐明原因。

3. 对比分析中外幼儿园在户外环境设计上存在哪些差异。

单元三
幼儿园室内公共环境创设

💡 **知识目标**

1. 了解幼儿园室内公共环境的构成；

2. 理解幼儿园室内公共环境的创设原理和利用方法。

📖 **技能目标**

1. 能够掌握幼儿园门厅、走廊、楼道和公共活动室的创设方法；

2. 能够创设彰显幼儿园办园特色的公共环境。

✏️ **素质目标**

1. 在幼儿园室内公共环境的创设中培养"以幼儿为本"的环境创设理念；

2. 树立团队合作意识，塑造大胆尝试、勇于创新的学习品质。

思 维 导 图

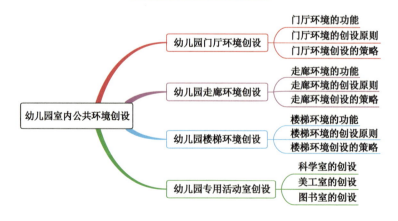

案 例 展 示

瑞吉欧教育中进门区域的布置

大楼的进门区域是一个可以用来展示重要信息的地方，包括欢迎信息等，它有助于人们了解幼儿园的价值观、理念与文化特色等。在进门处，有关幼儿教师和家长的信息被以文字和照片的形式优美地传递出来，幼儿的作品也被精心地陈列出来。在有的幼儿园中，员工们还写下了他们自己的童年记忆，并将他们婴儿时期的照片一同展示出来。

进门区域可以摆放一些能引起人们好奇的东西，如一些自然界的物品，像木棍或是松果；也可以是一些具有某种文化意味的物品，如一个配有鞍座的锯木架以及一顶宽边牛仔帽，手工制作的墨西哥家具等。教师通常会精心布置这片区域，并保持它的整洁度和吸引力。因为该区域相当宽敞，所以总能放上几件可以让人摸索的物品，并有足够的空间供人休息。另外，在一些幼儿园里，教师们在进门区域精心摆放了特别的镜子、植物和一架织布机，孩子们可以用织布机编织布条。此外，还放置了一个有着可移动功能，以供探索的凉亭以及一张长椅。

第一节 | 幼儿园门厅环境创设

幼儿园室内公共环境创设是指不包括班级活动室在内的幼儿园公用场地，如幼儿园的入门大厅、走廊、楼梯和公共活动室等公用场地。幼儿园室内公共空间的功能大概可以分成两种，一是活动展示的场地，二是幼儿园室内活动的中转站，相当于幼儿园空间的交通枢纽。幼儿园的儿童、来访客人和家长都会在幼儿园的公共空间内活动。因此，幼儿园室内公共环境的创建设计非常重要，幼儿园应该根据所在地的地域特色，结合幼儿园的办学理念，充分利用园内现有的空间，创设一个独具特色的办学环境。

一、门厅环境的功能

（一）承载交通枢纽的作用

幼儿园门厅是幼儿园的交通枢纽。它将幼儿园的室内和室外空间连接起来，幼儿、工作人员和家长每天都会经过门厅，是幼儿园室内和室外的过渡空间（如图 3-1-1 所示）。有些幼儿园会在门厅处安排一些幼儿玩具及座椅，方便家长在接送幼儿上、下学时，在门厅休息等候（如图 3-1-2 所示）。

图 3-1-1　门厅示例图 1

图 3-1-2　门厅示例图 2

（二）搭建家园联系的桥梁

幼儿园门厅是搭建家园联系的桥梁。门厅是来访者第一眼见到的幼儿园的环境，受到的关注最多，吸引了来访者大部分的注意力，因此，很多幼儿园非常注重门厅环境的建设。设计门厅的展示墙面时，墙面展示内容要以幼儿为主体，创设的所有内容都要和幼儿的身心发展紧密相连，体现幼儿园对孩子各个方面的培养，展现孩子们优秀的学习能力和身心健康情况。例如，很多幼儿园在门厅内设立展示板和公告栏，通过展示这些信息，能拉近幼儿园、幼儿和家长的距离（如图 3-1-3 所示），还有一些幼儿园，把幼儿的作品、近期举办的活动等照片、图片呈现在固定的墙面（如图 3-1-4 所示），方便家长了解幼儿在幼儿园的学习生活，也能促进幼儿德智体美劳全面发展。

（三）彰显办园的文化特色

幼儿园门厅能彰显幼儿园的文化特色。门厅的整体环境能反映幼儿园的办学特色，门厅是幼儿园的公共环境，每个幼儿园门厅的环境都不一样。如果门厅的整体结构良好，具有鲜明的园区特色，就能作为园区文化沉淀的平台。幼儿园在创设门厅环境时，需要注意两个方面，一方面要考虑办学理念和园区特色，例如，有的幼儿园以绘本阅读为办园特色，在门厅环境装饰中用绘本装饰环境，或放置书架以便阅读，将阅读理念潜移默化地融入环境创设中（如图 3-1-5 所示）；另一方面要注意色彩搭配，符合幼儿的审美，吸引幼儿的注意力，让幼儿愿意来到幼儿园，同时，也能给来访者造成视觉冲击，给来访者留下深刻印象，有的幼儿园将花草作为主要装饰元素，凸显以生态为特色的幼儿园文化特色（如图 3-1-6 所示）。

图 3-1-3　幼儿园门厅

图 3-1-4　幼儿园墙面

图 3-1-5　绘本装饰环境

图 3-1-6　花草装饰环境

二、门厅环境的创设原则

（一）功能性

门厅是整个幼儿园最显眼的地方之一，除了具有交通枢纽的作用，也可以作为接待家长和幼儿活动的场所，具有咨询、报名、举办活动等功能。因此，要合理设计门厅的内部结构，设置休息区和图书角等功能区，方便幼儿活动的开展，还可以放置沙发、茶几和饮水机等设备，在不打扰幼儿学习活动的情况下，和家长进行良好沟通（如图 3-1-7 所示）。

图 3-1-7　幼儿园门厅

（二）趣味性

门厅的设计要具有趣味性，可以借助不规则的装饰品装饰门厅的内部空间，吸引幼儿的注意力，提高幼儿参加活动的积极性。例如，南京市江北新区浦园路幼儿园利用帐篷和墙体壁画，在门厅一角营造出丛林探险的环境来，调动幼儿对活动空间的好奇心（如图 3-1-8 所示）。除此之外，把门厅的文化墙个性化地呈现出来，既能增添来访者与第一次进入园区的幼儿和家长对园区的好感，感受到幼儿园的独特美丽，又能培养幼儿的审美情趣，让幼儿在良好的环境中成长（如图 3-1-9 所示）。

图 3-1-8　南京市江北新区浦园路幼儿园　　　　图 3-1-9　门厅文化墙

（三）宽敞性

幼儿每天上、下学时都会经过门厅，有时候还会在门厅内参加园区活动。因此，门厅的空间一定要够宽敞，光线要好，宽敞明亮的门厅对幼儿的成长有利，让幼儿心情愉悦的同时，也能在一定程度上保证幼儿的安全（如图 3-1-10 所示）。

综上所述，功能性、趣味性和宽敞性是幼儿园门厅必须要满足的三个原则。门厅的整体环境要符合幼儿园的办学理念和文化特色，最好的效果是能让幼儿通过门厅感受到幼儿园的美好，这样才能让门厅环境真正发挥作用，充满灵气和生命力。

图 3-1-10　宽敞明亮的门厅

三、门厅环境创设的策略

（一）门厅布局

幼儿园的门厅是幼儿生活和学习的场地，空间虽小，却承载着实现幼儿教育目标的功能，门厅既能呈现幼儿园的特色文化，也具备连接幼儿园、社会和家庭的功能。门厅的布局具体应该考虑以下三个方面。

1. 门厅最主要的功能就是交通导向功能，负责引导人群的行进方向，指引人们到达各自的目的地（如图 3-1-11 所示），因此，门厅应该和走廊、楼梯等通道相连接，规划出独立的、不同的交通线路。门厅的面积要合适，不能过大，也不能过小。根据幼儿园的占地面积、幼儿人数确定合适的面积，门厅的净高度最好在 2.6 米～4 米。

图 3-1-11　门厅的导向功能设计

2. 教师、幼儿、幼儿家长和其他来访者是门厅的主要使用者，每个幼儿园的实际情况不同，创设门厅环境时也会有不同的侧重点。在幼儿园集中报名的时候，可以多放置一些沙发和书籍，供家长休息（如图 3-1-12 所示）；季节变化时，可以更换门厅的装饰物；幼儿园举办文化活动时，可以根据活动主题布置门厅的环境；为避免受到特殊天气的影响，门厅可以采用门斗、雨篷等特殊结构，为经过门厅的人遮风挡雨。

图 3-1-12　门厅休息区功能设计

3．设计门厅时要特别注意安全问题。门面距离地面 0.7 米处需增添一个幼儿专用拉手，方便幼儿开门，在距离地面 0.6 米到 1.2 米之间，不能安装不牢固的玻璃。门扇的正面和背面都应该平整光滑，没有任何棱角。幼儿园所有的通道都不能有台阶，危险的地方可以设置防滑坡道，坡道的坡度不能大于 1:12。

幼儿在奔跑、游戏时，会受到镜子、玻璃等反光物体的影响，容易发生事故。因此，门厅最好不设置玻璃和镜子。如果门厅必须安装玻璃，一定要选择合适的玻璃，尤其不能选择透明、易碎的玻璃，因为经过透视和反射作用，透明玻璃会使幼儿视觉错乱，不利于人身安全；万一玻璃被打碎，玻璃碎片也容易造成人员受伤。幼儿经常在门厅参加活动，为了保证幼儿安全，可以通过两种措施降低玻璃带来的风险。一种措施是给 0.9 米以下的窗户安装钢化玻璃或者给玻璃贴防爆膜，如果玻璃碎掉，玻璃碎片不会脱落，也不会产生尖锐的角度，能在一定程度上保护幼儿；另一种措施是在比幼儿身高低的玻璃上贴上图案，杜绝玻璃反光干扰视线的情况发生。除此之外，落地镜和哈哈镜等应该放在凹进去的空间，周围设置显眼的警戒色，最好不放在门厅。

（二）门厅造型

1．注重门厅宣传区域的设计。借助展示架、公告栏等工具，把幼儿园获得的荣誉证明、幼儿的活动展示等内容展示在门厅，让门厅起到对外宣传的作用，有利于和家长进行沟通（如图 3-1-13 所示）。

2．通常情况下，门厅的空间比较大，可以充分利用门厅空间，借助巧妙的装饰设计，如在门厅的拐角处设置食谱展板，贴上幼儿园的食谱和用餐照片，让门厅变得活泼有趣（如图 3-1-14 所示）。

图 3-1-13 门厅展示墙

图 3-1-14 食谱展板

（三）门厅选材

1. 根据幼儿园整体的风格，选择合适的墙面装饰材料，要保持协调统一。为了降低成本且易于保养，建议使用的装饰材料种类不超过三种，可以选择易清洗、不易污损的材料做墙裙，方便墙面的维护与清洁（如图 3-1-15 所示）。

2. 门厅地面的选材要注重防滑和干净，建议使用 PVC 材料和玻化砖，防止摔倒（如图 3-1-16 所示）。

图 3-1-15 门厅墙裙

图 3-1-16 门厅地面

思 考 与 练 习

1. 幼儿园门厅环境有什么功能？

2. 创设幼儿园门厅环境应遵循什么样的原则？

3. 请参观一所幼儿园，分析幼儿园门厅环境创设的情况，并提出改进意见。

第二节 | 幼儿园走廊环境创设

幼儿园走廊是幼儿园环境的重要组成部分，幼儿和教职工每天都会经过走廊，它和门厅一样，都承担着重要的教育任务。幼儿园的环境会对幼儿学习能力和创造能力的培养产生重要影响。因此，在进行幼儿园走廊环境创设时，应该融合幼儿园的教学理念。在设计走廊环境时以幼儿为本，给幼儿打造一个良好的环境，实现激发兴趣、启迪思维和发展能力的目标，让环境促进幼儿的健康发展。

江西省高安市筠阳幼儿园走廊环境创设

我园以"爱的教育"为办园理念，教育孩子从小学会关爱他人，教育教师胸怀大爱，教育家长爱孩子、学会理解和包容孩子。因此，在环境创设上，我们利用一到三楼的楼梯，分别创设了以"爱的歌声""爱的祝福""爱在路上"为主题的环境，让环境营造爱的氛围，让家长和孩子在环境中感受浓浓的爱意。

走廊环境创设应符合幼儿年龄特点与学期教育目标，引导幼儿积极参与环境的创设，大胆表现与创造，让幼儿真正成为环境的主人。例如，我园走廊环境根据小、中、大班幼儿的年龄特点，结合各自教学内容，分别制定了"爱家乡""爱祖国""爱世界""爱和平"的主题内容，这样，走廊就成了集体教育活动的延伸。遇到阴雨天，小、中、大班的孩子们还可以互相参观走廊，巩固、丰富对社会的认知。这样，不但可以关注各个年龄阶段幼儿的共同发展，而且可以更多地关注幼儿的个体发展。

走廊环境的创设应体现直观性与趣味性。孩子的认知以直观、具体为主，因此，教师提供的内容应该是贴近孩子的知识经验并高于孩子的认知且具有很强的趣味性的。例如，我园结合幼儿教育内容，确定三楼环境创设的主题为"爱祖国"。在创设时，利用楼梯尽头的空间，通过大幅卡通中国地图和具有中国特色的实物桌椅、茶具直观地点明了楼层主题；走廊南面的墙面采用手绘形式，通过孩子们熟悉的彩图系统展示了我国名胜古迹及悠久的历史文化，如长城、故宫、四大名山、四大发明、文房四宝、

052

古典名著等；走廊北面利用窗台、阳台护栏等悬挂装饰，教师和孩子们用手工作品表达他们对祖国的认识与热爱，如利用废旧材料自制的中国象棋、茶艺、扇子、风筝、荷包刺绣、脸谱书法、篆刻、中国龙等，直观、系统地帮助孩子感受中国文明的源远流长。

一、走廊环境的功能

（一）通行与行为提示功能

幼儿园走廊环境具有通行功能和行为提示功能。幼儿和教职工每天都要经过走廊，走廊起到了通道的作用，通道必须保持畅通，不能堆积过多的杂物，影响走廊的正常使用，这是走廊的通行功能（如图 3-2-1 所示）。行为提示有指示方向和左行右行提示两种，走廊的地板或者两侧的墙面上会贴有箭头等标志，给第一次进入幼儿园的人指引方向，还有"保持安静""勤洗手、讲卫生"等标语，引导幼儿的行为，帮助幼儿树立正确的行为观念（如图 3-2-2 所示）。

图 3-2-1　走廊的通行功能

图 3-2-2　走廊墙面提示语

（二）展示与沟通功能

幼儿园走廊环境具有展示与沟通的功能。在走廊两侧或者墙面上，把班级的教学计划、教职工风采等内容展示出来，方便幼儿、家长和教师间的沟通。走廊的展示功能具体有三方面的作用，首先走廊作为一个宣传窗口，可以展示幼儿园的教学理念和文化氛围，有利于家长和来访者了解幼儿园的办学情况，增强家长对幼儿园的好感和信任（如图 3-2-3 所示）；其次，可以展示幼儿的学习情况和获奖情况，能有效提高幼儿的学习积极性，营造良好的学习氛围（如图 3-2-4 所示）；最后，通过对各个班级的展示，可以让教师了解到每个班级不同的学习情况和文化活动，教师间能互相借鉴，一起进步，有利于提高幼儿园整体的办学质量。

图 3-2-3　宣传栏

图 3-2-4　幼儿作品展示

（三）认知与学习功能

幼儿园走廊环境具有认知与学习功能。走廊的墙面和地面可以绘制一些英文字母（如图 3-2-5 所示）或者粘贴一些简单的小知识，让幼儿耳濡目染，在每天的日常活动中掌握简单的知识，培养幼儿的观察能力，提高幼儿的想象力。走廊环境的合理设计，也是一种对幼儿的智育教育，能锻炼幼儿的创造能力，让幼儿在动手操作中学会理论知识。

图 3-2-5　知识墙

二、走廊环境的创设原则

幼儿园走廊环境的创设要为幼儿提供一个良好的学习、生活环境，能够为幼儿身心健康和全面和谐发展创造良好条件。良好的幼儿园走廊环境创设应该遵循以下五个原则。

（一）多功能性原则

走廊环境的功能不是单一的，而是同时具有多个功能。比如，走廊中设置的教职工风采和幼儿活动展示栏，既能起到装饰作用，也具有对外展示的功能（如图 3-2-6 所示）；走廊中的自然角和动物角，既能美化环境，也能让幼儿学习动植物知识，探索大自然，体现了走廊环境的认知、学习功能（如图 3-2-7 所示）。由此可见，多功能性原则是创设走廊环境要遵循的原则之一，即走廊环境具有"一创设、多功能"的特点。

图 3-2-6　走廊的对外展示功能

图 3-2-7　走廊的学习功能

（二）目标导向性原则

创设走廊环境要紧紧围绕教育目标。走廊具有多种功能，需要注意多种功能之间的关系是协调统一的，都要符合教育目标。走廊具有三大功能：一是通行与行为提示功能，可以为来访者指引方向，也可以通过走廊环境创设引导幼儿养成正确的行为习惯；二是展示与沟通功能，可以将办园理念、教学计划、班级风采等内容展示出来，使来访者了解幼儿园的办园理念和课程特色等；三是认知与学习功能，良好的走廊环境创设有利于促进幼儿认知能力、审美能力的发展。因此，从走廊的选择和走廊主题的确定到走廊设计的全部过程，都要以实现教育目标为目的，促进幼儿的全面发展。走廊主题设计如图 3-2-8 所示。

图 3-2-8　走廊主题设计

（三）安全性原则

除了促进幼儿的全面发展，保证幼儿的人身安全也是幼儿园的重要目标之一。走廊大多比较狭窄，幼儿每天都要经过走廊，必须注重安全因素，尤其是上下楼层间的走廊。幼

儿园走廊环境的创设要尽可能地消除一切安全隐患。例如，走廊的地板要采用防滑材料，要及时擦干地面上的水渍，保持地面干燥平整（如图 3-2-9 所示）；禁止在走廊堆放易燃易碎或有害物品；冬季时，要给走廊的暖气设备安装防护措施，避免幼儿被烫伤；走廊两侧的护栏要高于 1.2 米，垂直装饰条之间的距离要小于 0.11 米（如图 3-2-10 所示）；如果走廊上有植物，需要放在走廊两端的角落或者靠近护栏的位置，植物摆放的高度要在幼儿能触摸到的安全范围内，保证幼儿的安全。

图 3-2-9　地面干燥平整

图 3-2-10　护栏设计

（四）共同参与性原则

走廊环境的设计要遵循共同参与性原则，让幼儿和家长都参与到走廊环境的创设中去。教育家陈鹤琴说："用儿童的双手和思想布置的环境，会使他们更加深刻地理解环境中的事物，也会使他们更加爱护环境。"根据幼儿的实际情况，教师可以组织幼儿参与到走廊环境的创设中去，让幼儿搜集相关的资料、参与实际操作，激发幼儿的创造性，增强幼儿的动手能力（如图 3-2-11 所示）。让家长参与到走廊环境的设计中，与家长互动，家长会发挥主人翁精神，增加对幼儿园的好感，也能让家长从孩子的角度考虑问题，有利于家庭教育的进步。

图 3-2-11　幼儿参与走廊设计

（五）"动静"结合原则

走廊环境的设计要遵循"动静结合"原则。"静"是指走廊环境中变化较小的部分，甚至是整个学期都不需要更换的内容，"动"是指根据时间、季节或者幼儿园发展情况的变化而改变的走廊环境，包括装饰材料和展示照片的选取等（如图 3-2-12 所示）。

图 3-2-12　走廊墙面装饰

三、走廊环境创设的策略

（一）加强对幼儿园走廊环境创设的认识

幼儿经常在走廊上学习、游戏，走廊在幼儿园中承担着重要的教育功能，对幼儿的身心健康有着重要影响，幼儿园的管理者和教职工要充分认识到走廊环境创设的重要性，它是幼儿园环境创设的重要组成部分。首先要树立走廊环境创设很重要的理念，重视走廊的环境创设；其次要结合幼儿园的整体情况和幼儿的需要创设走廊环境（如图 3-2-13 所示）；最后要兼顾趣味性和教育性，走廊要满足幼儿身心发展的需求，起到教育作用的同时，也要注重美观（如图 3-2-14 所示）。

图 3-2-13　走廊环境

图 3-2-14　走廊美化设计

（二）注重幼儿园走廊环境创设的安全性与实用性

幼儿园走廊环境创设要兼顾安全性和实用性。走廊最好选用天然材料进行装饰，比如树枝、鹅卵石等，在降低经济成本的同时，兼顾安全与环保，不会损害幼儿的身体安全；要选择环保型、高质量的颜料，避免危害幼儿的身体健康；走廊中摆放的植物一定要是无毒无害的，提前做好调查，避免出现植物气味有毒的情况。此外，幼儿园走廊环境的创设需要注重卫生问题，走廊中摆放的装饰品要结实耐用、易清理，防止幼儿因接触而导致疾病。幼儿园走廊绿植摆放如图 3-2-15 所示。

图 3-2-15　走廊绿植摆放

（三）鼓励幼儿参与走廊环境创设，突出幼儿的主体性

教育家陈鹤琴提出"活教育"理论，指出幼儿应该在实践中学会知识和技能，而不是单纯地在课堂中学习。幼儿园走廊的使用主体是幼儿，在创设走廊环境时，要让幼儿参与进来。例如，有些幼儿园在创设走廊环境时，在走廊上安装玻璃，教师带着幼儿一起在玻璃上写写画画、贴卡通图案，透明的玻璃上都是孩子们画的画、写的字、贴的图案，既为走廊增添了活力，也锻炼了幼儿的动手能力（如图 3-2-16 所示）。

图 3-2-16　玻璃设计

（四）凸显幼儿园走廊环境创设的"育人性"，实现"环境育人"

环境对人的影响是巨大的，幼儿经常在走廊中活动，会受到走廊环境的影响，幼儿园要充分利用这一点，把走廊当作良好的教育环境，发挥教育作用，实现"环境育人"，凸显幼儿园走廊环境创设的"育人性"。例如，幼儿园可以把走廊打造成现实中的"人行道"，在走廊的地面画上"斑马线"（如图3-2-17所示），教师把亲手制作的红绿灯悬挂在走廊的交会处，让幼儿认识马路，知道过马路的基本方法。通过环境潜移默化的影响，帮助幼儿形成规则意识。

图 3-2-17　走廊上的"斑马线"

 **思 考 与 练 习**

1. 幼儿园走廊环境有什么功能？
2. 创设幼儿园走廊环境应遵循什么样的原则？
3. 请参观一所幼儿园，分析幼儿园走廊环境创设的情况，提出改进意见。

第三节 ┃ 幼儿园楼梯环境创设

幼儿上、下学都会经过楼梯，楼梯作为幼儿园建设不可缺少的一部分，不仅承担着美化装饰的作用，还蕴含着重要的教育价值。考虑到幼儿园的实际情况，楼梯设计最需要注重的点就是安全性，楼梯的宽度、高度和安全防护栏的设置等，都要严格按照要求执行。同时，也要注意通风、采光等问题，减少安全隐患。

一、楼梯环境的功能

（一）美化装饰作用

幼儿园不同的楼梯承担着不同的功能，根据不同楼梯的特点，要有重点装饰的部位，每层楼梯的美化重点都不同。在培养幼儿审美情趣和观察能力的同时，给人带来视觉享受。在装饰楼梯两侧的墙面时，要符合幼儿的喜好和幼儿发展特点，不能添加过多的成人喜好与审美。楼梯的颜色、造型和主体设计等都要为幼儿服务，营造安全、愉悦的氛围，让幼儿快乐成长（如图 3-3-1 所示）。

图 3-3-1　楼梯设计

（二）隐性教育作用

幼儿每天要在幼儿园度过大部分时间，环境能起到隐性教育的作用，良好的环境有利于幼儿的健康成长，帮助幼儿形成良好的行为习惯，树立正确的行为意识。比如，可以在幼儿园的楼梯设置安全标语，让幼儿形成注意安全的意识；还可以在墙面贴上"上下楼梯请靠右行"的提示语，在潜移默化中督促幼儿形成良好的行为习惯，充分发挥环境隐性教育的作用（如图 3-3-2 所示）。

图 3-3-2　走廊隐性教育的作用

二、楼梯环境的创设原则

（一）安全性原则

幼儿每天都要使用楼梯，因此，楼梯的安全性非常重要。经常会出现几个班级的幼儿一起上下楼梯的情况，除了安装有效的安全设备，教师要引导幼儿学会上下楼梯的规则，让幼儿学会有序地上下楼梯，掌握正确的避让方法，杜绝安全事故的发生，保障幼儿的人身安全。

与走廊墙面丰富多彩的环境创设不同，楼梯墙面不需要丰富多彩的创设，而应该减少复杂信息的传递，因为复杂的信息会吸引幼儿的注意力，幼儿在楼梯长时间逗留观看，容易发生拥堵，进而造成危险事故。除此之外，楼梯要使用防滑的材料，不能铺设光滑的瓷砖，否则幼儿容易滑倒；也不能铺设过于粗糙的水泥地面，避免造成安全事故（如图 3-3-3 所示）。

图 3-3-3　楼梯防滑设计

（二）教育性原则

环境对幼儿有隐性的教育作用，因此，创设楼梯环境应该注重教育功能的建设。可以把简短的名人名言张贴在楼梯两侧的墙面上，还可以张贴具有幼儿园特色和当地文化内涵的装饰品（如图 3-3-4 所示）。为了保证幼儿园使用楼梯的安全，可以在台阶两侧张贴不同方向的脚丫标识，提醒幼儿靠右行走的规则（如图 3-3-5 所示）；也可以在楼梯的中间贴上警醒的黄线标识，让幼儿不要在楼梯上拥堵。通过张贴各种引导规则，帮助幼儿形成良好的行为规范，杜绝踩踏、拥堵等情况的发生。

图 3-3-4　绘本装饰

图 3-3-5　提示幼儿靠右行走的脚丫图案

　　部分实行双语教育的幼儿园可以在台阶上下相连的位置张贴英文单词或者单词对应的趣拼照片,让幼儿每天经过楼梯时都会想到所学的知识,既能美化视觉环境,也能潜移默化地教育幼儿(如图 3-3-6 所示)。

图 3-3-6　英文渗透

　　创设幼儿园环境时经常忽略公共楼梯转角位置的合理运用,造成空间浪费。很多人认为公共楼梯转角空间狭窄,只能闲置,其实不然。公共楼梯转角的天花板比较低,适合打造一个隐蔽的私密空间,供幼儿开展各种活动。可以把楼梯转角布置成一个"娃娃家",里面装有床铺、玩具和沙发,让幼儿在"娃娃家"玩耍(如图 3-3-7 所示)。有的幼儿园在公共楼梯转角设置图书角,让幼儿把家里的图书带来,分享图书,共同阅读(如图 3-3-8 所示)。装饰公共楼梯角也可以美化幼儿园的整体环境,让楼梯变得温馨、富有生活气息。

图 3-3-7 转角"娃娃家"

图 3-3-8 图书角

三、楼梯环境创设的策略

（一）楼梯装饰应体现环境与色彩的结合

幼儿园的环境创设要注重整体的效果，幼儿园所有的建筑都要保持统一协调，楼梯也要根据幼儿园的设计主题进行设计建造。楼梯的空间设计应该把环境特点和色彩融合在一起，整体色调简洁大方，避免多余装饰，让人一目了然（如图 3-3-9 所示）。

图 3-3-9 楼梯空间设计

（二）楼梯设计应兼顾成人与幼儿使用的要求

幼儿园楼梯应安装扶手，并兼顾成人与幼儿使用的要求。按照成人的使用要求，栏杆高度不小于 0.90 米，为了适应幼儿的身高，楼梯扶手的高度应在 52 厘米到 68 厘米之间，扶栏的纵条间隙要在 12 厘米之内，尽量采用木质扶手；幼儿园楼梯的宽度应大于 1.8 米，斜度应为 30 度，深度不超过 26 厘米，台阶间的高度应在 14 厘米以内（如图 3-3-10 所示）。

（三）楼梯布置应巧妙融入教育元素

幼儿园可以根据楼梯的造型来因地制宜地进行布置，例如，在楼梯台阶上贴上引导的安全标志，提醒幼儿上下楼梯注意安全；楼梯的墙面可以贴上文明礼貌的宣传语，也可以张贴幼儿的绘画作品；楼梯的拐角处可以用可爱的绿植或者幼儿的手工作品进行装饰；楼梯下方的空间可以根据空间的大小和幼儿的需要布置为阅读区（如图3-3-11所示）、建构区或休闲角，充分激发幼儿学习的兴趣和动手的欲望。

图 3-3-10　幼儿园楼梯设计

图 3-3-11　楼梯下方的阅读区

思 考 与 练 习

1. 创设幼儿园楼梯环境应遵循什么样的原则？
2. 请参观一所幼儿园，分析幼儿园楼梯环境创设的特点。

第四节 | 幼儿园专用活动室创设

幼儿园专用活动室是指幼儿园专门供幼儿活动的空间，它可以根据幼儿的具体年龄分布，为幼儿个性化的需求提供区别于班级的活动，满足幼儿园中各个层次的幼儿的个性化需求。该空间具备极强的功能性和层次性，适用于各个年龄段的幼儿。

幼儿园专用活动室是幼儿园的公共活动空间，它对于幼儿园的课程开发、满足多样化的幼儿需求起到了至关重要的作用。通常情况下，传统的幼儿园会设置4～6种类型的专用活动室，主要满足综合游戏、阅读、美工、音乐、体育、科学的教育需求，这些专用活动室和幼儿园的整体发展有极强的关联性。另外，部分幼儿园还会根据自身教学课程的特点，增设烹饪、棋艺、木工、书画及建筑等活动室。本节将关注点放在较为常见的科学室、美工室和图书室。

一、科学室的创设

科学是一门需要细心观察，并运用逻辑思维进行实验，从理性的角度认知未知事物的学科。科学教育可以培养幼儿搜寻信息的能力以及探索、求知的精神。为了保证幼儿园的科学室能够发挥其最大的功效，应当采用合理和科学的方式进行创设。

（一）科学室创设的原则

1. 目标性原则

对于幼儿园科学室的创设，要具备明确的定位，对创设的目的要有清晰的认识，科学室对于不同年龄段和学习层次的幼儿发挥的作用应呈现一定的差异性。在《3—6岁儿童学习与发展指南》中明确提出，提升幼儿学习的核心在于激发他们对于新鲜事物不断探索的兴趣，让幼儿参与到不断探索和感受的过程中，并培养他们探索事物的能力。家长和教师要在日常的生活和学习中，捕捉幼儿的好奇心，竭力维护他们的好奇心，并结合生活细节进行正确的引导，让幼儿自主地通过对比、实践、尝试等方式，找出问题、思考问题、解决问题。在此过程中家长和教师要帮助他们积累探索事物的经验，同时结合所学的知识解决问题，培养幼儿学习的兴趣和能力。

2. 可操作原则

在科学室的内容设置方面，应当以幼儿日常接触的科学现象为主要内容，方便幼儿的实践和演示，激发幼儿对知识的主观学习能力。为幼儿提供的科学材料要体现层次性和科学性，符合各个年龄段和不同兴趣爱好的幼儿的不同特点，同时搭配相关的记录卡方便进行统计（如图3-4-1所示）。

3. 趣味性原则

将科学和小游戏相互融合，通过游戏的方式引导幼儿对科学产生兴趣，并提供相应的科学仪器，便于幼儿自行观察和研究，充分激发他们探索未知事物的热情和兴趣（如图3-4-2所示）。

图 3-4-1　科学材料

图 3-4-2　科学仪器

 对点案例

幼儿园科学小制作活动与 STEM 教育活动

　　幼儿园科学小制作活动是指幼儿学习制作产品、使用科技产品或掌握某些工具的操作方法、技能的科学活动。而幼儿园 STEM 教育活动是指幼儿园进行科学、技术、工程、数学综合教育活动，即幼儿从日常生活中或游戏中发现问题，并通过设计与制作产品解决问题，从中综合运用并发展科学、技术、工程与数学知识和技能的过程。

　　科学小制作与 STEM 活动有相似之处，最为明显的是，二者都需要幼儿运用材料动手制作作品。再者，它们的活动流程也有相似性。科学小制作需要幼儿经历构思、设计、制作与修饰的过程，STEM 活动则需要幼儿经历明确问题、寻找解决方案、设计、制作（修正设计再制作）、解决问题的过程。STEM 活动更具有强调问题中心、动手制作、综合运用多学科知识与技能的特点。

（二）支持科学探究的材料

　　通常情况下，科学室应当为幼儿提供基础性的实验器材，如地球仪、吸管、三棱镜、放大镜、漏斗、望远镜等，同时为幼儿提供基本的科学材料，方便他们查阅。学者王志明曾在《学前儿童科学教育》一书中提到幼儿科学室应当具备的相关材料和分类。

　　1. 为幼儿提供探索科学的材料

　　（1）研究光学的材料。如各种类型的棱镜、万花筒、平光镜及能够重复叠加的彩色塑料瓶。

（2）研究磁性的材料。如各类规格不一的磁条、各类能够被磁化的物体和无法被磁化的物体，方便幼儿进行对比和分析（如图3-4-3所示）。

（3）研究声学的材料。如常规的锣鼓、手风琴等，便于幼儿研究各类声音的高低。

（4）研究电学的材料。如用以连接较为简单的电路的相关材料，手电筒、小型电动机等。

（5）研究力学的材料。如常见的平衡秤、弹力球、滑轮和斜面板等（如图3-4-4所示）。

图3-4-3　磁性材料

图3-4-4　力学材料

（6）玩水材料。如浮力材料，救生圈、容器等。

2．为幼儿提供小型科技制作的相关材料

（1）适合幼儿制作的材料。如传声筒、不倒翁，以及形状各异的风车等。

（2）能够提供给幼儿进行实践性操作的材料。如小锤子、螺钉、小钳子等。

（3）便于幼儿进行各类勘测的小型工具。如常见的温度计和软尺等。

（4）各类待回收的纸壳、饮料瓶等。

（5）幼儿随时能够使用的工具或材料。如胶水、折纸、铅笔等。

3．为幼儿提供感知事物的材料

（1）便于幼儿触摸的材料。如各类材质的物件，利用不同面料缝制而成的布娃娃，让幼儿亲身感受不同材质的触觉。

（2）便于幼儿嗅觉培养的材料。如各类安全性较高并留有各类气味的小瓶子（如图3-4-5所示）。

（3）便于幼儿听觉训练的材料。可以和上文提到的声学材料相结合，便于幼儿研究各类物体发出的不同声响。

4．为幼儿提供能够直接观察或需要放大镜观察的材料

（1）各类生物标本。如较为常见的昆虫、岩石、鸟类标本。

（2）幼儿能够自行收集到的材料。如随处可见的树叶、水果等生活材料（如图 3-4-6

所示)。

(3)各类活体生物。如小型鱼类、常见的植物和昆虫等。

另外,幼儿园还可以有针对性地采购部分优质文具,并为幼儿随时提供纸笔,培养幼儿记录和绘画的良好习惯。

图 3-4-5　嗅觉材料区

图 3-4-6　生活材料

(三)科学室的空间设置

幼儿园的科学室可以合理规划人体科学、生物科学、自然科学、科学技术等四种学科的区域,根据不同学科的需求灵活设置相应的空间,也可以将部分学科的区域安排在室外。有些学科需要幼儿以实际操作为主,而有些学科则更重视幼儿的观察能力。

1．人体科学区:为幼儿提供简单的人体器官结构模型、各类人体感知系统的材料、相关的图书,让幼儿通过观察和实际操作对人体的构造有大致的了解,对自我保护起到一定的效果(如图 3-4-7 所示)。

2．生物科学区:可以在室外设置小型的动植物观察中心,在种植植物的区域根据季节的特性种上各类绿植或蔬菜,便于幼儿近距离观察植物的生长过程,也利于幼儿对花草树木有基础性的认知。在室内则可以设置动物和植物的小标本,让幼儿在日常的探索和观察中能够更进一步了解动物和植物的生长特性和形状特征,更利于从小培养幼儿热爱大自然的意识(如图 3-4-8 所示)。

3．自然科学区

该区域还能够划分为科学区、气象站、太空馆及沙水区等多个区域。

(1)科学区:为幼儿提供观察的各类光、电、磁等小型实验材料,让他们在实践活动中能够根据自身的观察和理解激发对科学的热情和兴趣。

(2)气象站:可以为幼儿提供雨量、风向、风力、气温等相关气象知识的仪器,幼儿根据相关仪器观察每天的天气情况,从而培养幼儿观察和实践的能力。

图 3-4-7 人体科学区

图 3-4-8 生物科学区

（3）太空馆：用简单的材料集合多种天体现象的区域，让幼儿能够对基本的星系有大概的了解，同时对一些天体现象的概念有更为科学的认知。

（4）沙水区：可以在该区域内为幼儿提供玩水和玩沙的空间和材料，教师在其中可以通过适当的引导，让幼儿在游戏中学会基础的科学知识。

4．科学技术区

为幼儿提供比较普遍的现代化科技产品，以图片或模型的形式展现（如飞船、航空母舰、动车等模型，以及航天英雄的图片等），引导幼儿从小对科学技术产生一定的热情和兴趣，还能萌发热爱祖国、报效祖国的意识。

二、美工室的创设

幼儿园内的美术教育对于幼儿的启蒙教育来说至关重要，幼儿园时期的美术教育能够让他们从小就对色彩具备一定的感知能力，对培养幼儿时期的审美具有关键的引导作用。同时，美术教育是幼儿最初认识并了解色彩的首要渠道，它能极大地激发幼儿对于色彩的理解力和想象力。正因如此，管理人员必须加强对美术教育的关注力度，保障幼儿在健康和谐的环境下成长，美工室在此过程中发挥了极其关键的作用。

美工室和普通的幼儿园班集体不同，不同年龄阶段的幼儿都能在此探寻艺术和色彩的魅力，这里也是培养幼儿审美体系的重要发源地。在美工室内，幼儿可以在老师的引导下，正确认识艺术作品，学习简单的绘画技能，学会欣赏美术作品，同时激发他们的想象力。

（一）美工室创设的原则

1．活动材料尽量丰富多样

活动材料在幼儿园的学习和生活过程中起到了基础性的作用，它是保证幼儿获得健全和完善的知识的物质基础。材料的准备也反映出幼儿园对幼儿发展的重视程度，在选用活

动室材料的过程中，应当以安全性为首要准则，同时还要体现层次性和实践性，在保证材料质量的同时还需要提升材料数量（如图3-4-9所示）。应当根据结合幼儿实际的教学需求和不同的兴趣爱好，对美工室的材料进行及时调整和补充，合理优化材料的分配，保证幼儿的新鲜感。

图 3-4-9　美工室的活动材料

2. 营造轻松活跃的活动氛围

健康轻松的学习和活动氛围在幼儿活动中起到了催化剂的作用。在开展活动的过程中，教师一定要时刻关注班集体的整体氛围。美术教育活动的主旨是培养幼儿欣赏美、发现美、感受美的审美素养，因此，负责管理美工室的教师应当时刻注意活动室内的整体环境，合理分配经典作品和儿童作品，自然装饰和物品装饰应当根据实际情况搭配使用，色彩也应当以明暗交替的形式呈现一定的对比，让幼儿身处其中能够感受到艺术之美，提升他们的审美素养（如图3-4-10、图3-4-11所示）。

图 3-4-10　废旧物品装饰

图 3-4-11　自然材料装饰

3．保证幼儿处于活动中的主体位置

美工室设置的本质是提升对特定领域感知能力和兴趣的培养，在美术学习活动中，应当尽量让幼儿发挥主观能动性，持续激发幼儿天马行空的想象力，教师在活动过程中应当进行合理的引导。在美术活动的整个过程中，教师应当通过外在和内在的元素为幼儿营造轻松愉悦的活动环境，同时需要在活动之前教授一些简单的绘画技巧。活动开始后，教师尽量不插手，让幼儿自行发挥，幼儿会根据吸引自己的材料进行创作（如图 3-4-12 和图 3-4-13 所示），待活动结束之后，教师需要对整体活动进行综合性的评价，同时对每个幼儿的表现给予充分的肯定和鼓励。

图 3-4-12　幼儿创作的线状材料装饰

图 3-4-13　幼儿创作的美术作品

（二）支持美术活动的材料

活动材料是幼儿教育活动中必不可少的因素，它在幼儿园的整体教学和生活中起到了至关重要的作用。优质的材料可以让幼儿通过对材料的摆弄和使用，对新鲜事物有更为全面的认识。不仅如此，活动材料的选取能够直接决定幼儿的语言发展能力、动手实践能力、人际交往能力。

1．活动材料的性质分类

幼儿园中的活动材料如果根据性质分类可以概括为三种类型：成品材料、半成品材料、纯天然材料。成品材料是由教师在活动前预先设置好、幼儿不需要二次加工就能直接使用的材料，如绘画时用的颜料、画笔等；半成品材料指的是教师有意识地简单加工后，预留部分步骤，让幼儿自行动手完成的材料，在此过程中能够培养幼儿的动手能力，如陶泥、各类布料等；纯天然材料则是来源于生活的各类细节，并不需要进行加工就能使用的材料，如幼儿放学期间随手摘的树叶等。

性质各异的材料可以提升幼儿多个方面的发展潜能。采用成品材料更侧重于培养幼

儿遵守规则的意识，而半成品和纯天然的材料可以培养幼儿的动手能力和对未知事物的探索精神。

2．常规的美术活动材料

（1）美术材料

绘画颜料类：墨汁、水粉、丙烯等。

绘画纸张类：旧报纸、包装纸、图画纸、玻璃纸等。

手工陶泥类：陶泥、油土、轻型黏土等。

手工布艺类：各类布条、针线等。

创新类绘画材料类：纸杯、纸箱、各类杂粮、旧报纸等。

（2）美术教育活动工具

绘画用笔：水粉笔、毛笔、签字笔、蜡笔等。

手工加工工具：小型剪刀、锯齿形剪刀等。

清洁工具：纸巾、海绵、水桶、幼儿工作服、扫把等。

粘贴工具：热熔胶、白乳胶、固体胶棒等。

另外，老师还可以依据不同类型的美术活动选择性提供工具或材料。

（三）美工室的空间设置

1．合理布置空间，保证功能齐全

幼儿园的美工室必须要时刻保持宽敞整洁的环境，只有这样才能保证幼儿在相对自由和开放的环境下学习美术知识；另外，一定要确保美工室对幼儿学习美术起到的关键性引导作用，满足幼儿在学习过程中各类不同的需求。因此，美工室的设置要从幼儿学习的视角出发，科学合理地规划和布置空间（如图 3-4-14 所示）。与此同时，还需要将幼儿在美术学习中可能用到的材料和工具考虑在内，最好能列出相应的清单进行采购和准备，保证幼儿在美术学习和活动中的物质基础，这样才能最大限度发挥美工室的作用。

例如，为了给幼儿提供足够的学习空间，教师在布置美工室时应当考虑选用方便移动的桌椅，教师要考虑到小朋友在幼儿时期无法长时间集中注意力，绝大多数情况下会到处走动，相互欣赏，因此教师要确保整体空间足够宽敞。此外，由于幼儿在美术教育活动中会涉及一定的动手活动，教师应当考虑到室内光线对他们的影响，因此对于美工室的布置应当合理采用不同类型的光源用以调节室内的整体光线（如图 3-4-15 所示）。

图 3-4-14　美工室空间布置

图 3-4-15　美工室光线

2．展示幼儿的优秀作品，营造主动学习的氛围

在美术学习中，幼儿对于刚接触的色彩和线条等元素充满了好奇心，特别是他们在面对优质的绘画作品时，会发自内心地想要借鉴和模仿，不少幼儿还会将其牢牢记在心中。正是这种学习和模仿的过程，有效培养了幼儿的想象力和审美素养，让他们懂得如何去发现美和创造美。因此，教师在每次进行美术活动之前，可以选择幼儿群体中较为优秀的作品进行展示和点评，让其他幼儿都能学习，营造出互相学习、互相成长的良好学习环境，最大限度地激发幼儿对于美术作品的兴趣和创造力（如图 3-4-16 所示）。

教师为幼儿讲解的绘画技巧和基础知识的时候，可以在活动室内挂上一幅著名的绘画作品，让幼儿学会欣赏画作。另外，还可以用卡通画的形式，简洁、概括地介绍艺术家及作品的形式，创设出幼儿更容易接受的环境（如图 3-4-17 至图 3-4-21 所示）。幼儿在教师的引导下学会发现美和感受美，让他们在成长过程中逐渐树立和完善自己的审美体系。

图 3-4-16　优秀作品展示

图 3-4-17　创意墙绘

图 3-4-18　梵高

图 3-4-19　蒙德里安

图 3-4-20　草间弥生

图 3-4-21　毕加索

3．制定基本制度，方便管理维护

幼儿园的美工室对幼儿园美术教育水平的提升起到了较为关键的作用。在打造美工室的时候应当将美工室的作用发挥到极致。在日常的幼儿美术教育过程中，教师应当时刻关注美工室整体软硬件设施的检查和维护工作，以确保为幼儿提供功能性和安全性都有所保证的空间。与此同时，在幼儿学习美术的过程中，教师也应当注意到幼儿使用某些材料的安全性，比如一些手工剪刀和小刀等较为锋利的工具。

对于幼儿园美工室的管理，幼儿园相关管理者应当采取分类管理的办法，每个教师负责不同的设施，保证美工室的管理责任到人。幼儿在进行绘画活动，取出的原料和画笔应在活动结束后归还给专门的管理人员，保证幼儿在美术学习的过程中更便捷地选择自己需要的材料或工具。另外，教师在整个过程中要适当地引导幼儿，让他们从小就养成爱护公共物品的习惯，明白公共物品使用过程中的相关规定和原则，以此实现教师和幼儿共同维护美工室的目的。

三、图书室的创设

除了以上两种类型的专用活动室，图书室也是幼儿园常见的功能室，在教学中占据较为重要的作用。《3—6 岁儿童学习与发展指南》中明确提出，幼儿的语言能力是在交流和运用的过程中发展起来的。应为幼儿创设自由、宽松的语言交往环境，鼓励和支持幼儿与成人、同伴交流，让幼儿想说、敢说、喜欢说并能得到积极回应。为幼儿提供丰富、适宜的低幼读物，经常和幼儿一起看图书、讲故事，丰富其语言表达能力，培养阅读兴趣和良好的阅读习惯，进一步拓展知识面。在幼儿图书室中，教师可以为幼儿准备适用的读物，并时常通过陪同、引导、讲解的方式让幼儿对读物中的故事情节和主题思想有更全面的了解。另外，教师要培养幼儿学会阅读、懂得阅读、热爱阅读的习惯，这对他们今后的成长起至关重要的作用。幼儿园的图书室主要是为幼儿提供多种类型读物的公共空间。教师在幼儿阅读中应当承担引导的职责，促使幼儿对阅读产生兴趣的同时，培养幼儿良好的阅读习惯。

（一）图书室创设的原则

1. 幼儿化的设计原则

在建设幼儿园图书室的时候，要从幼儿园整体的外在环境、幼儿身心发展的特点出发，同时体现图书室教育和兴趣并存的意义。在打造幼儿园图书室的过程中，除设置基础性的桌椅和书架之外，还应当培养幼儿良好的阅读习惯，教师应当时刻提醒他们注意眼睛和书本间的距离，矫正不良坐姿（如图 3-4-22 所示）。幼儿尚处在心智不成熟的成长阶段，还没有选择阅读内容的能力，因此，教师要通过正确、科学的引导，让幼儿学会筛选健康向上的优质读物。教师在引导过程中要懂得尊重他们的想法，要明白阅读并非只是简单地认识文字和句子的过程，而是幼儿培养良好的学习习惯和建立逻辑思维的重要方法。

2. 资源丰富性原则

图书室的设计要融入多样性的功能设置，分类摆放各种图书、绘本，为幼儿提供多元化的阅读内容，从小培养幼儿良好的阅读习惯和认知能力（如图 3-4-23 所示）。图书室还要定期更新图书内容和种类，时刻保持幼儿对读物的新鲜感。在引导幼儿进行阅读的过程中，让他们对阅读内容保持浓厚的兴趣和求知欲望，发自内心地热爱阅读，从而更加积极地参与到阅读学习之中，这样才能使幼儿园图书室的作用最大化。教师还可以提

倡幼儿将家中闲置的读物捐献出来，在丰富图书室的内容和种类的同时，也让他们感受到知识共享的乐趣，懂得分享的乐趣和重要性。

图 3-4-22　幼儿专注阅读

图 3-4-23　图书区分类摆放

（二）支持语言发展的材料

准备科学性与趣味性兼具的阅读材料，可以在一定程度上发挥幼儿的交流能力和语言表达能力，从而加强幼儿对相关材料的实践操作能力，在摸索和学习中锻炼他们的思维能力。

1．种类丰富的图书资源

在幼儿园图书室的图书内容设置过程中，除保证其内容的丰富性之外，还要持续更新图书的内容和种类，这样才能使幼儿对读物保持新鲜感并保证幼儿阅读内容的广泛性。在图书内容的选择上，应当对图书内容的相关题材、风格、主题进行全面把控，同时，时刻关注幼儿的心理变化和对读物的需求变化，对图书进行及时更新和优化。幼儿园的图书室空间还应当按照幼儿的年龄段进行合理划分，不同年龄的幼儿对读物的接受能力和兴趣程度各不相同，依据这种分类，可以让幼儿对阅读内容充分理解，并且培养他们良好的阅读习惯。在区角设置"好书推荐"提升幼儿的阅读兴趣（如图 3-4-24 所示）。

图 3-4-24　好书推荐

2．增设生动活泼的手指偶

在图书室划分出一片小区域，将其作为幼儿的玩偶台，让幼儿锻炼他们的语言沟通能力。在玩偶台上为幼儿提供手指偶或者竹筷偶，让幼儿试着和玩偶进行多种方式的沟通，充分锻炼他们的语言表达能力（如图 3-4-25、图 3-4-26 所示）。

图 3-4-25　玩偶台

图 3-4-26　手指偶

（三）图书室的空间设置

良好的阅读环境不仅能给幼儿带来身心的愉悦，更能激发幼儿的阅读兴趣。幼儿园图书室应当为幼儿营造一个温馨舒适、充满童趣的阅读环境和氛围。

1．选择适合的色调，打造安静和谐的阅读环境

对于图书室区域的选择，应当充分考虑光照、通风、卫生、外部声音等多方面的因素，在图书室的色调选择上，应当将空间的主色调与书桌、书架的色调进行合理搭配。通常采用温和的暖色系，淡绿色的浅色调也是不少幼儿园图书室会选择的颜色（如图 3-4-27 所示）。教师应当尽量保证图书室内安静舒适的环境，让幼儿在良好的环境下学习、阅读。此外，针对幼儿的身心发展特点，选择和他们年龄阶段相适应的书桌和书架等基础设施，桌椅的材质尽量选择塑料的，可以通过自己动手的方式画上生动活泼的卡通人物画像，在色彩的选择上应当和图书室的整体空间色调相搭配。也可以增设如卡通地毯或榻榻米之类的基础设施，便于幼儿更开放和自由地享受阅读的乐趣（如图 3-4-28 所示）。

2．采用科学合理的空间划分，满足幼儿差异性的阅读需求

在图书室的空间设置中，教师应当根据一定的阅读流程进行设置，将其区分为摆放区、阅读区、实际操作区、演示区等多个空间区域。教师可以通过桌椅和书架的摆放将空间巧妙分隔开（如图 3-4-29 所示）。

教师还可以展示幼儿从家中带来的优质图书，写上简单明了的评语，让幼儿对书本有更深入的认识，这种方式能够让幼儿辨认何为好书，逐渐培养他们阅读的兴趣；也可以在阅读展示区邀请幼儿通过动作表演的形式展示他们的读后感，这样不仅能够有效拓宽幼儿阅读的范围，还能极大提升他们的语言表达能力（如图 3-4-30 所示）。

图 3-4-27　幼儿图书室

图 3-4-28　卡通设计

图 3-4-29　科学分隔空间

图 3-4-30　阅读展示区

此外，幼儿园可以设置回收废旧图书和报纸的区域，用来放置幼儿家中闲置的报纸和书籍，从而扩充图书室的整体图书数量和内容，幼儿可以在此过程中用旧报纸或纸壳对旧书进行包装和改造，不仅能培养他们爱护公共物品的习惯，还能提升幼儿的动手能力。

3．展示优秀的幼儿读物，营造良好的阅读氛围

教师可以在图书室内较显眼的地方设置可爱的卡通图像，为图书室增添浓厚的童趣。比如在设计书架时时，可以选择带有可爱卡通造型的书架（如图 3-4-31 所示）；同时采用颜色鲜艳、造型可爱的字体提醒幼儿在图书室内保持安静和爱护图书，培养他们融入集体空间和遵守集体秩序的习惯（如图 3-4-32 所示）。

图 3-4-31　卡通造型书架

图 3-4-32　阅读提醒

思 考 与 练 习

1. 你希望打造何种公共空间，为家长、到访者传达幼儿园的文化素养和教育理念？
2. 根据图书功能室的设置关键点，手绘简单的图书室平面图。

单元四
幼儿园班级环境创设

知识目标

1．理解幼儿园班级环境创设应遵循的原则；

2．掌握班级常设活动区角环境设计的要点及注意事项；

3．掌握班级主题墙的创设要点。

技能目标

1．能根据幼儿的年龄特点对班级活动室进行合理规划与布局；

2．能根据环境创设原则合理设计并布置典型的室内区角环境；

3．能根据不同需要创设富有特色的班级主题墙。

素质目标

1．感受班级环境对幼儿身心发展的重要意义；

2．尊重幼儿，引导、鼓励幼儿参与班级环境创设；

3．树立"以幼儿为本"的班级环境创设理念，提升团队合作意识。

思维导图

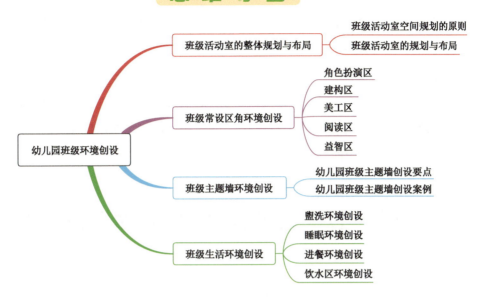

```
                                          班级活动室空间规划的原则
                      班级活动室的整体规划与布局
                                          班级活动室的规划与布局

                                          角色扮演区
                                          建构区
                      班级常设区角环境创设    美工区
                                          阅读区
  幼儿园班级环境创设                          益智区

                                          幼儿园班级主题墙创设要点
                      班级主题墙环境创设
                                          幼儿园班级主题墙创设案例

                                          盥洗环境创设
                                          睡眠环境创设
                      班级生活环境创设        进餐环境创设
                                          饮水区环境创设
```

案例展示

　　每学期开学，幼儿园教师们都会花大量的时间对新的班级环境进行创设和规划，但是孩子们到底喜不喜欢呢？以下是某幼儿园孩子们搬进新教室，试玩两周以后的样子。

1. 美工区的材料用完之后总是杂乱无序。

2. 图书角看书的小朋友好少啊。

3. "小棋社"的材料静静地躺在那里无人问津。

幼儿园的班级活动环境可以分为活动区和生活区两大类，主要包括活动室、寝室、餐厅、盥洗室等。另外，班级活动室内的桌椅、玩教具柜、书架、衣帽柜，以及墙面、地面、屋顶等也是幼儿园班级环境的组成部分。目前国内多数幼儿园没有设置专门的餐厅和寝室，幼儿大多在活动室用餐和午睡，这样一来，活动室也就转换成了生活空间。

幼儿园教师在创设班级环境时应处理好室内空间设计、色彩配置、家具配置、区角规划、材料投放等各种关系，综合考虑安全、教育、活动、清洁、生活以及活动转换等各种因素，努力创造一个符合幼儿身心发展规律，集实用性、趣味性、教育性、互动性、审美性于一体的综合性活动空间。

 第一节 | 班级活动室的整体规划与布局•

在幼儿园，班级是幼儿进行生活和学习的主要场所，活动室则是班级环境的关键。幼儿园的班级活动室是一个相对独立的，集学习、游戏和日常生活为一体的小型多功能活动空间。因此，创设科学、合理的班级活动室对幼儿的成长和发展有着至关重要的作用。

一、班级活动室空间规划的原则

（一）安全性原则

安全是幼儿园环境创设的首要原则。只有在一个安全的环境里，幼儿的生命才能得到保障。《幼儿园教育指导纲要（试行）》明确指出，幼儿园必须把保护幼儿的生命和促进幼儿的健康放在工作的首位。安全性原则要考虑幼儿的身、心两个方面：保证室内有适宜的采光、温度、通风，注意桌椅陈设、玩具材料等无安全隐患；为幼儿创设一个温馨、舒适的环境，让幼儿感觉到舒适、放松。

（二）整体性原则

整体性原则体现在两个方面。一方面，整个班级活动室的空间布置应该是一个整体，活动室的整体布局、家具摆设、色彩与装饰均要协调统一、充满童趣、舒适美观，具有整体感。另一方面，要关注幼儿学习与发展的整体性，活动区的环境创设应从幼儿的身心全面发展出发，活动区角的设计应涵盖幼儿身心发展的每一个方面。

（三）教育性原则

班级活动室是幼儿教师从事教育教学的主要场所，而活动室的环境就是重要的教育资源。教师在创设班级活动室环境时要充分体现环境的教育性，以教育目标和本班幼儿的实际发展水平为依据，有目的、有计划地选择合适的内容和主题，创设科学有效的活动室环境。《幼儿园工作规程》中指出，幼儿园应创设与教育相适应的良好环境，为幼儿提供活动和表现能力的机会与条件。幼儿教师在进行班级活动室创设时，要充分体现教育性原则。

（四）参与性原则

参与性原则是指幼儿园教师在创设班级活动室环境时，不要"全部包办"，而应培养幼儿的参与意识，引导幼儿也参与到班级环境创设过程中去。许多幼儿教师为了让班级活动室看上去更"完美"，往往自己大包大揽，很少让幼儿参与，幼儿只充当班级环境的观赏者。这种做法忽视了幼儿的想法和感受，不利于幼儿主动性和积极性的培养。因此，教师应鼓励、支持和引导幼儿根据不同主题、不同领域教育活动的需要，共同设计和布置班级环境。让幼儿亲自参与从设计方案到搜集材料再到制作布置的全过程，既能培养和发挥幼儿的想象力和创造力，提高幼儿的审美能力，又能增强幼儿的动手能力，培养幼儿的合作意识。与此同时，对整个班级环境做出自己的贡献，也能让幼儿体会到归属感和成就感。

（五）动态性原则

动态性原则主要体现在两个方面。一是班级活动室中，各活动区域种类和数量应该是动态的。幼儿教师应结合幼儿的需要和主题活动开展的需要，不断地、动态地更新空间环境，如更换主题墙、更新幼儿作品、变换区角的设置和摆放格局等。二是活动区域中材料的投放也应该是动态的，呈现出递进性。幼儿是在与环境和材料的相互作用中不断学习和发展的，教师应注意及时补充、更新区域材料，从而保持幼儿的参与兴趣，促进幼儿的持续发展。

二、班级活动室的规划与布局

班级活动室的规划与布局是对班级活动室内部空间的划分与利用，主要包括空间要求、区角安排、生活环境规划等。

（一）空间要求

1. 建筑标准

活动室是幼儿进行室内活动的主要空间。幼儿园一般每班一个活动室，以供室内游戏、教育教学，以及幼儿午睡、进餐使用。

我国教育部组织编制，住房城乡建设部、国家发展改革委批准发布的《幼儿园建设标准》指出，幼儿园房屋建筑应符合国家现行幼儿园建筑设计规范相关规定，坚持安全、适用、绿色、节能、环保、经济、美观的原则，营造功能完善、适合儿童身心健康发展、寓教于乐的学前教育环境。文件明确指出幼儿活动用房应符合以下规定：（1）应设在三层及以下楼层，严禁设在地下室或半地下室；（2）班级活动单元应满足幼儿活动、生活等功能需求；（3）班级活动单元内不得搭建阁楼或夹层作寝室；（4）应保证每个幼儿有一张床位，不宜设双层床，床位侧面不应紧靠外墙布置。班级活动单元的室内净高不应低于 3 米，综合活动室的室内净高不得低于 3.90 米。幼儿园班级活动单元各项用房人均使用面积指标如表 4-1-1 所示。托儿所、幼儿园每班人数如表 4-1-2 所示。

表 4-1-1　幼儿园班级活动单元各项用房人均使用面积指标（m²/人）

用房名称	面积指标	
	活动室与寝室合并设置	活动室与寝室分开设置
活动室	3.50	2.40
寝室		2.00
卫生间（含厕所、盥洗间、洗浴位等）	0.60	0.60
衣帽储藏室	0.30	0.30
人均使用面积合计	4.40	5.30

表 4-1-2　托儿所、幼儿园每班人数

名称	班别	人数（人）
托儿所	乳儿班（6～12 月）	10 人以下
	托小班（12～24 月）	15 人以下
	托大班（24～36 月）	20 人以下
幼儿园	小班（3～4 岁）	20～25
	中班（4～5 岁）	26～30
	大班（5～6 岁）	31～35

2．通风与采光

幼儿园班级活动室应以自然通风形式为主。如果活动室通风不畅，室内空气浑浊，容易使幼儿产生窒息的感觉，导致幼儿头昏、精神萎靡、心情不快，无法专心活动。幼儿教师应根据季节和天气的不同，确定通风换气的方式与次数。温暖天气可全日开窗，寒冷天气宜利用教室和走廊的窗户开窗换气，以保证室内空气新鲜。幼儿园应有专人负责，每天对各班活动室、专用活动室等场所的开窗通风换气情况进行督促检查，并做好记录。

活动室应尽可能采用自然光。中华人民共和国住房和城乡建设部颁布的《托儿所、幼儿园建筑设计规范》中指出，托儿所、幼儿园的活动室、寝室及具有相同功能的区域，应布置在当地最好朝向，冬至日底层满窗日照不应小于 3 小时，以向南或向东、自然采光好的房间为宜。夏热冬冷、夏热冬暖地区的幼儿生活用房不宜朝西向，若不可避免，应采取遮阳措施。幼儿活动室、寝室的窗地面积比应达到 1:5。另外，室内可使用柔和的白炽灯、镜面白炽灯以及荧光灯，因为这一类灯造成的"光污染"影响较小。局部照明时，应使用遮光性较好的台灯。

知识拓展

幼儿园设计八大注意事项

※地面：要保暖、耐磨、耐腐蚀、防静电、隔声、吸声，同时还要满足幼儿的审美要求，使地面与整体空间融为一体。另外，防滑、防潮、防水、易清洁、具有弹性等方面也要符合幼儿园的地面标准。不同地区、不同楼层的要求又各要有所侧重。南方气候温和、潮湿，要重在防滑、防潮，特别是建筑的底层地面，除了要对地面以下进行防潮处理，地面也要选用防滑地砖或塑胶地板；北方寒冷地区可选用封蜡的木地板，二、三层可铺地毯，这样既有弹性又保暖，同时地面铺设要平整，避免地面出现台阶或凹凸不平而引发安全事故。进行地面铺设时色彩、图案、铺设构成要富有变化。例如，可采用两色以上的防滑地砖按一定的构成形式铺设，其图案可以是排列构成，也可以是动物、植物或一些传统图案。

※墙面：墙面装饰能起到保护墙体、延长使用寿命的作用，也能使室内空间美观、整洁、舒适、富有情趣，并营造出具有儿童特色的文化艺术氛围。墙的表面要平整，转角的地方不能尖锐，要转成圆角，避免幼儿撞伤。墙面的装饰处理，可以采用瓷片、易清洗的墙纸和各种涂料。不论用什么材料来装饰墙面，都要求符合上级或有关部门制定的标准，不能使用有毒、有放射性和释放有害气体的材料。

※顶面：顶面的装修应视幼儿园的经济情况和空间的高低而定。幼儿园室内高度一般以 3.2～4 米为宜。太低会令幼儿产生压抑、紧张感；过高则缺乏温馨、亲切的氛围。如果是过高的空间，可考虑顶面装修或悬吊一些装饰物，改变视觉上的空旷感。顶面的表层不能太光滑，这样有利于增强吸声效果，避免产生眩光。如果是顶层，还

要考虑隔热情况。顶面装修要使用隔热、阻燃和防火性能好的装修材料，如石膏板、铁龙骨等。电线要放入阻燃管内，避免因电路故障而引发火灾。

※门：门的设计要注意合理性，不能用坚硬的材料制作，不能出现尖锐的棱角。门表面宜平整、光洁，不宜使用铁衣或玻璃制作。铁衣门多缝隙，铁条坚硬，玻璃遭碰撞易碎，会导致安全事故。宜采用木制门，门扇宜向外开。要求门能全面靠墙、能固定，防止幼儿推撞门，也有利于室内环境的整体设计和安排。在门适当的地方装上方便幼儿开、关门的拉手。门的尺寸可适当缩小些，高度可控制在 1.95~2 米之间。门洞周围可制作简单装饰。每个功能室，特别是大型活动室，宜开设两个或两个以上的门。

※窗：窗供室内通风、采光、空气流通之用。窗少或面积太小都将对环境产生不良影响，对幼儿身心健康不利。合理的窗面积应是室内面积的 1/3~1/2 为宜，这样才能保证通风、采光和空气流通的正常。面朝南的窗户应尽量开大，这样在炎热的夏季，吹入室内的风能多一点，也有利于室内采光。朝北的窗户宜开小，避免冬季寒风吹入，降低室内温度。同时要考虑窗户的安全性。窗户离地面不宜低于 0.8 米，窗玻璃尽量使用塑胶透明玻璃或钢化玻璃，窗扇应朝外开。窗户以下部分 1/3 的地方要装上栏杆，避免幼儿翻爬发生意外。

※电路、开关、插座：幼儿园室内电路、开关、插座主要考虑安全性和实用性。电路尽量暗铺设，但一定要先装入韧度强的塑料管内，避免漏电造成事故。开关、插座宜安装在高于 1.5 米的地方，使幼儿不易触及。如果需要在低处安设插座，则应安装密封型的电源插座。

※空调、电扇、排气扇、暖气设备、饮水设施：冷暖、环保型空调适合不同地域的幼儿园。特别是炎热时间长、潮湿、雨水多的地方，可在各功能室内安置空调。一可以调节气温，解暑，祛寒；二可以抽湿，使室内空气循环。经济情况不允许但又地处炎热地带的幼儿园可使用电风扇、排气扇。寒冷时间长的地区还要安装暖气设备，以便保暖。这些设备都应安装在幼儿难以触摸到的安全地方。幼儿的饮水设施应设置在醒目、方便之处，采用开放式为幼儿服务，但要注意防烫、防漏、防污染。

※音响、电话：幼儿园要建立全园统一的音响线路，以确保经常有高质量、旋律优美、高雅的轻音乐或儿歌供幼儿欣赏，让幼儿轻松、欢快地在幼儿园度过每一天。同时还应设置统一的电话线路，方便工作上的联系、沟通，便于及时解决问题。

以上就是关于幼儿园设计八大注意事项的全部介绍，作为教育建筑，幼儿园建筑设计规范相比于一般的建筑设计规范要求更严，所以在幼儿园设计方面建议找专业的设计公司进行设计，不能为了节省费用而忽略设计上的细节要求甚至幼儿园的安全要求。

3．基本家具配置

家具设备是维持幼儿教师和幼儿正常工作、学习、生活和休息的必需物品，具有实用性和美观性的双重功效。幼儿园在选择活动室的家具设备时应符合以下要求：

第一，家具配置应将安全性放在首位。要保证配置的家具坚固耐用，不能使用有毒性或释放刺激性气体的材料；家具表面、四周及边缘不能有尖锐的棱角、裂片和铁钉露出，以免划伤幼儿。第二，供幼儿使用的家具要符合幼儿的身体尺度，高度适宜，以便幼儿自由取放所需玩具和物品，让幼儿使用起来感到舒适、方便；第三，家具的色彩要明快、丰富且淡雅，体现幼儿的审美情趣，还可以涂上幼儿喜欢的图画，同时要注意色彩的整体性；第四，家具应便于移动以满足不同活动的需要。例如，桌椅板凳应根据教学的要求和活动的形式，进行不同的组合；书架、展示柜等也应根据区角的要求和主题活动的变化，灵活地加以组合。

一般情况下，幼儿园活动室基本设备配置如下：

首先，活动室应按每名幼儿1把椅子的数量配备幼儿用椅，按每桌4~6人配备幼儿用桌。幼儿桌椅的尺寸、质量等规格应与幼儿的身高等肌体的发展相适应；其次，在班级标准学额数的前提下，按每班6~8只的数量配备与幼儿身高相适宜的开放式可移动玩具柜；第三，每班配备钢琴1台（农村幼儿园班级可配备61键电子琴1台，但全园最好有1架钢琴）；第四，每班配备书写板、挂钟、电视机、录音机、带耳机的收听设备等各1件；第五，有条件的幼儿园可配备电脑、实物投影仪（视频展台）、数码照相机等设备。

（1）桌椅

幼儿园室内的桌椅主要用于桌面游戏、集体教学活动、美工活动、进餐等，也可兼作他用。幼儿园配置的桌椅应根据幼儿生理特点和教育活动的要求，确定桌椅的规格和尺寸。幼儿园桌椅的数量与样式要便于幼儿的生活与活动，高度和构造要有助于幼儿保持正确的坐姿。桌椅多选用轻便木材或者安全无毒的硬塑材料制作。

一般来讲，桌子的高度以幼儿坐下操作时不弯腰、不耸肩、腰背挺直为宜。幼儿园活动室使用的桌子形状样式较多，为节约活动空间，方便教学和游戏，采用长方形桌子居多。

幼儿使用的桌子普遍较低，并且不设抽屉，不设横撑，以免幼儿坐下时活动受限。应保证每个幼儿拥有 0.50～0.55 米（约等于幼儿前臂加手掌长度）长度的桌面，桌宽应根据不同年龄班使用桌子情况的不同而有所差别。

椅子的高度以幼儿坐下时双脚能自然着地，大腿与椅面保持水平状态为宜。幼儿用椅的设计一般都有适合的靠背，便于幼儿倚靠和取放。由于椅子要经常搬动，为适应幼儿的体力，其重量不要超过幼儿体重的 1/10（约 1.5～2 千克），甚至更轻便。幼儿园活动室桌椅尺寸见表 4-1-3。

表 4-1-3　幼儿园活动室桌椅尺寸表（单位：cm）

年龄班	幼儿身高	桌			椅				桌椅面高差
		高	长	宽	椅面高	椅面深	椅面	靠背	
小班	95～99	44.0	100	70	23.5	22	25	25	20.5
中班	100～109	47.5	105	70	26.0	24	26	27	21.5
大班	110～120	51.5	105	70	28.5	26	27	29	23.0

根据不同类型的游戏和教育活动的需要，桌椅可以进行不同形式的组合。例如，开展音乐、舞蹈等活动时一般不需要桌子，可以将桌椅紧靠活动室四壁摆放，腾出较大的活动空间；开展绘画、手工等活动时，可以按照幼儿分组情况平行摆放桌椅；开展语言、科学等领域教学活动时，可以让幼儿围坐成扇形。

（2）教玩具柜

教玩具柜一般用于搁置、存放区角内的操作材料和玩具，或者展示幼儿作品，还可作为不同区角之间的隔断物使用。由于学前儿童身材矮小，手比较短，教玩具柜不宜过高、过宽和过深。一般情况下，教玩具柜高度以不超过 1 米为宜，深度以 0.3～0.4 米为宜；另外，为了便于幼儿取放玩具和材料，教玩具柜一般不设柜门。安全起见，教玩具柜四周不能有突出的棱角。

除桌椅、教玩具柜之外，幼儿园活动室还应配有水杯架、衣帽柜、儿童床等家具设备，我们将在本章第四节（班级生活环境创设）中详细介绍。

（二）区角安排

现在的幼儿园多在活动室内设置不同的区角，其目的在于为幼儿提供自由探索、学习和游戏的环境。区域活动充分体现了幼儿身心发展的特点，可满足幼儿活动和游戏的需要，更好地促进幼儿自由、快乐、健康地成长，实现"玩中学""做中学"。幼儿园教育培养目标与活动区设置如表 4-1-4 所示。

単元四 幼儿园班级环境创设

表 4-1-4 幼儿园教育培养目标与活动区设置

目标	幼儿园保育和教育的主要目标	活动内容	活动区
身体发展	促进幼儿身体正常发育和机能的协调发展，增强体质，促进心理健康，培养良好的生活习惯、卫生习惯和参加体育活动的兴趣	幼儿有机会借助拼图、粘贴等手工活动，建筑、玩沙、玩水活动等发展小肌肉群和大肌肉群技巧	建构区 美工区 玩沙玩水区
语言发展	发展幼儿智力，培养正确运用感官和运用语言交往的基本能力，增进对环境的认识，培养有益的兴趣和求知欲望，培养初步的动手探究能力	为幼儿提供与同伴、成人交流的机会（包括倾听、交谈等），聆听和阅读故事、诗歌的机会	角色扮演区 表演区 阅读区
认知发展		为幼儿提供了解周围世界的有关知识，包括数、常识、健康知识的机会	益智区 科学区 建构区
社会和品德发展	萌发幼儿爱祖国、爱家乡、爱集体、爱劳动、爱科学的情感，培养诚实、自信、友爱、勇敢、勤学、好问、爱护公物、克服困难、讲礼貌、守纪律等良好的品德，以及活泼开朗的性格	提供机会让幼儿认识社会，培养幼儿的社会交往技巧，养成良好的文明习惯	角色扮演区 表演区 建构区
美感发展	培养幼儿初步感受美和表现美的情趣和能力	提供让幼儿体验、欣赏并表达美的各种形式，如绘画、音乐、舞蹈等	美工区 音乐区 表演区

区角的设置是班级环境创设的重点，在幼儿园教育工作中，各班活动区角的设计与布置，区角材料的投放与管理等具体工作都是由带班教师负责完成的。这些工作虽然十分烦琐，耗费教师的大量精力，但却非常重要，直接影响到幼儿园的教育教学效果。区角安排主要包括区角的数量与内容、区角的规划与布局、区角材料的选择与投放等方面。

1. 区角的数量与内容

活动室区角的数量应根据活动室的大小来定，一般以 4～5 个为宜。多数幼儿园室内空间有限，区角设置过多，会造成室内活动空间的拥挤。一般来说，大多数幼儿园班级活动室会建立几个固定的常规活动区，例如建构区、图书区、角色游戏区等，同时再根据幼儿兴趣需要和主题活动的需要设置一些临时活动区。

区角内容的选择应考虑到班级本阶段的教育重点。例如，每年的 9 月份是小班幼儿入园的阶段，这时的教育重点应是帮助小班幼儿尽快适应幼儿园生活。因此，活动区角的设置可重点突出"娃娃家"等与家庭氛围相似的区域，让小班幼儿感到温暖、熟悉，从而顺利度过入园焦虑期。需要注意的是，活动区角重在实用，每设置一个区角都应最大限度地体现其实用价值，一些华而不实、不符合幼儿身心发展特点、操作性不强的区角，完全没有必要设置。

幼儿教师在确定了区角内容以后，还需要精心为每个区角命名，也可以与幼儿共同讨论，征求他们的意见。活动区角的名字要朗朗上口，又要有一定的意义。好听的区角名称能迅速激发幼儿的参与兴趣，从而使区角发挥其教育价值。

2. 区角的规划与布局

美国学者布朗把活动区角划分为四大类：第一类是静态且用水的区角，如自然角、美工区等；第二类是动态且用水的区角，如玩沙区、玩水区、烹饪角等；第三类是静态、不用水的区角，如图书角、益智区等；第四类是动态、不用水的区角，如建构区、音乐区、表演区等。

有实践者根据布朗的描述，从两个维度进行不同区角的规划和布局，并称之为"十字定位法"（如图 4-1-1 所示）。一个维度是活动的性质，即静态或动态；另一个维度是活动的需求，即干性和湿性。干性是指活动对光源的要求较高，湿性是指活动需要用到水，并靠近水源。这种规划方法简便易行，幼儿教师在规划室内活动区角时可以参考。

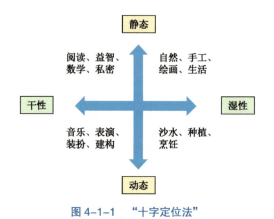

图 4-1-1　"十字定位法"

选好区角内容以后，就要考虑怎样利用活动室空间进行合理布置。教师在布置不同区角时要注意以下几点。

（1）合理布局

合理布局是指根据各个活动区的性质和特点确定其空间的大小和所在位置，防止因安排不当而影响其他区角幼儿的活动。

① 大小有别。教师在安排各区角空间大小时要区别对待，例如，对于人数多、活动量大的角色区，应划出较大的空间；对于活动量较小的区角（如益智区），可安排小一些的空间。

② 动静分开。即把热闹的区角和安静的区角分隔得较远一些，以免相互影响。

③ 有机组合。可以把便于结合起来的区角相邻组合，如图书区和美工区相邻，"娃娃家"和建构区相邻等。

④ 综合考虑采光和取水等因素。例如，阅读区和美工区可以设置在光线充足的地方，便于幼儿阅读、观察和创作；美工区、自然角要靠近水源，方便取水等。

需要注意的是，区角的布局应能让教师从不同的角度看见活动室的所有区域，不能存在教师看不见的死角，这样才能保证幼儿一直在教师的视线范围之内，教师可以随时观察、了解、记录和指导幼儿的活动，亦能保证幼儿的安全。

（2）界限明确

活动室内不同的区角之间应有明显的界限，区角分隔要清楚。这样才能让幼儿明确不同区角的位置，知道在哪个区角可以做哪些活动。活动区的界限划分有平面界限和立体界限两种。

① 平面界限，指通过地面不同的颜色、图案或质地来划分不同的区域。例如，在"娃娃家"的地面刷上温暖的粉色，在建构区的地面铺上降低噪声的地毯等，区角划分一目了然，幼儿很快就能记住。

② 立体界限，指运用低矮的材料柜、玩具柜、书架或其他物体隔离的方式划分出不同的区角，形成半封闭的空间。需要注意的是，隔离物的高度应符合幼儿的身高和视线，以方便幼儿清楚地辨认不同区角，也方便教师及时观察指导。

（3）半封闭布置

通过材料柜、玩具架等物品将不同的活动区角分隔开来，使之呈现半封闭的状态，会有效避免幼儿在活动室内四处闲逛，促使幼儿选择自己感兴趣的区角进行活动。半封闭的环境也能够使幼儿较少受到外界的干扰，从而更为专注、持久地从事一项活动。

对点案例

中班活动区角规划图

根据中班幼儿的年龄特点，将活动室分为角色区、建构区、美工区、益智区和阅读区五个区域。其中，角色区包括"娃娃家"、超市和美发店三个主题，以丰富游戏内容，增强中班幼儿的交往能力和游戏合作能力。

根据活动室的空间、设施与设备等条件，按照"十字定位法"和区域规划应遵循的原则，制定以下规划图（图4-1-2）。

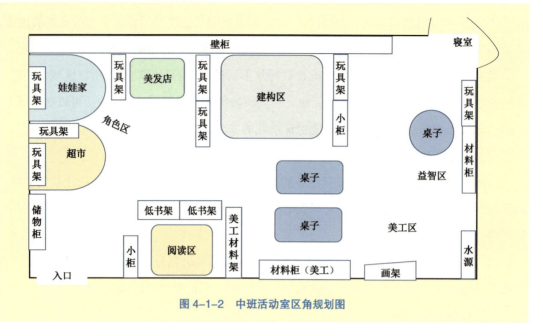

图 4-1-2　中班活动室区角规划图

3．区角材料的选择与投放

材料对于区角活动起着重要的支持作用，幼儿正是在与材料的相互作用中不断发展的。《幼儿园教育指导纲要（试行）》指出，幼儿园的空间、设施、活动材料和常规要求等应有利于引发、支持幼儿的游戏和各种探索活动，有利于引发、支持幼儿与周围环境之间积极的相互作用。要想使幼儿在与环境的相互作用中主动学习和发展，就要根据幼儿的年龄特点、兴趣需要以及教育目标有针对性地投放适宜的玩具材料。

（1）材料应具有操作性

根据皮亚杰的建构主义学习理论，幼儿是在对材料的操作过程中逐步建构起自己的认知结构的。在区角活动中，材料是幼儿活动的对象，区角提供的玩具、材料是否具有操作性直接影响幼儿能否主动参与区角活动。具有操作性的材料能使幼儿积极动手、动脑，激发幼儿活动的兴趣。相反，那些华而不实，不能让幼儿触摸、操作的材料，只能成为一种摆设，无法引起幼儿与材料之间的充分互动。

（2）材料应具有启发性

活动区角投放的材料应该是经过幼儿教师精心选择和安排的。投放材料时，教师应考虑通过操作哪些材料，幼儿能获得哪些方面的发展。投放的材料应该有一定的结构，隐含着一些线索，幼儿在做游戏时，教师应启发和引导幼儿发现材料中的线索。例如，在科学角，教师可为幼儿投放小车，以及粗糙、光滑的木板，引导幼儿发现在推动力相同的情况下，车子在光滑的木板上走得更远，在粗糙的木板上则容易停下来；还可以提供不同坡度的斜坡，让幼儿在实践操作中初步了解一些物理常识。

（3）材料投放应具有针对性

有针对性地投放材料主要包括两个方面。一方面，要针对不同年龄班的幼儿投放不同的材料。小、中、大各年龄班的幼儿在语言、动作等方面存在较大的差异，教师应投放难度适宜的玩具材料。随着幼儿年龄的增长，其能力、兴趣等也在不断地发生变化，教师应对投放的材料及时做出调整。例如，小班活动区的材料应具备通过简单的操作就可达到预定目标的特点；在中、大班的活动区，教师可提供比较多的半成品材料，同时适当提高操作的复杂程度，选择一些需要反复探索、操作复杂的材料，鼓励幼儿不断尝试、挑战。另一方面，要根据同一年龄班中不同发展水平的幼儿提供不同层次的材料。同年龄班的幼儿之间也存在着较大的个体差异，这种差异性要求教师为幼儿提供不同层次的材料，使材料真正符合每个幼儿的发展特点和满足幼儿的不同需要。

（4）材料应丰富多样，材料的新旧比例要适度

丰富、多样、有趣的活动材料能有效地吸引幼儿的注意力，提高幼儿的专注力。同时，丰富的材料还能有效避免幼儿之间的争吵和冲突，减少攻击性行为的发生，保证区角活动的顺利开展。需要注意的是，丰富多样并不意味着材料越多越好，当区角的材料过于丰富时，反而会使幼儿分心，影响幼儿的专注力和持久性。

区角材料的新旧也会对幼儿的活动产生很大影响，新颖、新奇的玩具材料更容易引起幼儿的兴趣。通常情况下，新玩具、新材料的投放会立刻引起幼儿的关注。需要指出的是，新材料并不仅仅指新购置的材料，对于幼儿来说，只要是他们没玩过的玩具材料，都是新材料。

有研究者专门就角色区投放不同比例的新旧材料与幼儿的游戏表现之间的关系进行了研究，结果如表 4-1-5 所示。

表 4-1-5　角色区新旧材料投放比例与幼儿游戏表现的关系

新旧材料比例	幼儿对新材料的关注程度	幼儿游戏的表现
2:1	非常关注	重视新材料，使用新材料的频率较高
1:1	很关注	能交替使用新旧材料
1:2～1:3	较关注	在摆弄新材料的同时，会创造性地使用新旧材料
1:7～1:10	关注	较关注新材料的玩法，但与旧材料配合使用较少
1:15～1:20	一般	争抢或忽视新材料，少数能力强的幼儿会发现并使用新材料

（5）材料应分门别类，摆放整齐

不同区角内的材料种类多、数量大，教师应引导幼儿学会归类和整理。幼儿是玩具的

主人，也应该是玩具的保管者。通常情况下，区角材料的摆放是开放式的，应该按照材料的类别有序摆放，便于幼儿自主选择和取放。教师应帮助幼儿给材料分类，并在收纳篮上贴好标签，确定不同种类材料存放的位置（如图4-1-3、图4-1-4所示）。学前儿童正处于养成良好习惯的关键期，教师可与幼儿共同制定材料的使用和整理规则，帮助幼儿从小养成自己收拾、整理物品的好习惯。

图 4-1-3 美工区材料摆放

图 4-1-4 "娃娃家"材料摆放

 第二节 ┃ 班级常设区角环境创设

区角活动，也称区域活动，指以幼儿的兴趣为主要依据，考虑到幼儿园教育的目标以及正在进行的其他教育活动等因素，划分出一些区域，如益智区、建构区、科学区、阅读区。教师在其中投放一些适宜的活动材料，制定活动规则，让幼儿自由选择区角，并通过与活动材料、同伴的积极互动，得到个性化的学习与发展。在区角活动中，幼儿的学习和探索往往是相对自由和自主的，他们以个人或者小组的方式，自主选择、操作、探索、合作，在获得愉悦的游戏体验的同时，能够获得身体、认知、情感、社会性等各方面的发展。

对于幼儿园教师来讲，每学期开学的首要工作便是根据新学期的教育教学目标和班级幼儿的实际情况，科学设计、合理规划本班级的活动区角，充分发挥活动区的教育功能，满足幼儿自主游戏和探索空间的需求。目前幼儿园班级常设活动区角一般有如下几种。

一、角色扮演区

角色游戏是幼儿根据自己的兴趣和愿望模仿和想象，通过角色扮演创造性地反映其生活体验的一种游戏，是 3～5 岁幼儿最典型的游戏。在角色扮演区，幼儿可以在各种模拟的情境中扮演他所见到的各种职业角色，丰富幼儿的社会认知，促进幼儿社会交往能力的发展。

（一）空间设计

角色扮演区往往需要占据一个较大的活动空间，可以进一步划分出"娃娃家""餐厅""医院""超市""理发店"等（如图 4-2-1、图 4-2-2、图 4-2-3 所示），还可以根据幼儿的生活经验和兴趣需要随机产生新的游戏主题。由于幼儿角色游戏的主题种类较多，教师很难在角色扮演区内同时设置很多主题区，因此，教师可以根据班级活动室的空间情况，有选择性地安排 1～4 个主题区供幼儿活动。每过一段时间再根据幼儿的兴趣需要适当做出调整。幼儿在进行角色游戏时常常走来走去，大声交谈，因此角色扮演区应远离相对安静的阅读区和益智区，避免相互干扰。

（二）材料投放

角色扮演区常用玩具材料如表 4-2-1 所示。

表 4-2-1 角色扮演区常用玩具材料

主题区	材料投放
娃娃家 （如图 4-2-1 所示）	玩具娃娃、小床、桌椅、电视、毛巾、牙刷、餐具、炊具、奶瓶、围裙、塑料水果、镜子、电话、公文包、领带、墨镜、衬衫等
医院 （如图 4-2-2 所示）	挂号牌、听诊器、白大褂、护士帽、体温计、注射器、纱布、医药箱、棉签、口罩、手套、药瓶等
超市	收银机、工作服、货架、各种食物、饮料、玩具钞票、购物车、标价牌等
餐厅	收银台、各种餐具、厨具、食材、玩具钞票、工作服、围裙、厨师帽、餐桌椅等
理发店 （如图 4-2-3 所示）	镜子、梳子、剪刀、吹风机、发型参考书、洗发用品、座椅、围裙、染发烫发工具（玩具）等

图 4-2-1 "娃娃家"　　　　图 4-2-2 "医院"　　　　图 4-2-3 "理发店"

（三）进区规则

1. 能与同伴一起商定游戏内容、场地，选择角色、材料，制定游戏规则，自主游戏。

2. 不能出现争抢角色的情况，每种角色轮流扮演；坚守自己角色的岗位，不串岗。

3. 会正确使用游戏材料，轻拿轻放，爱护游戏材料，使用完毕及时归位。

4. 与同伴友好游戏，学习解决游戏中的问题，乐意分享游戏经验。

5. 遇到问题及时向老师汇报，不吵闹、不打架。

6. 活动结束后将材料分类整理归位才能离开游戏室。

二、建构区

建构游戏是幼儿利用各种不同的结构玩具或结构材料（积木、积塑、乐高、沙、泥、雪等），通过与建构活动有关的各种动作构造物体形象，反映现实活动的一种游戏。建构游戏是一种充满创造性的游戏，是幼儿根据自己的生活经验，以想象为中心，主动地、创造性地反映现实生活的游戏。建构游戏具有操作性、艺术性、创造性的特点，可以帮助幼儿了解各种建构材料的性质，理解空间关系知识、整体与部分等知识，增强幼儿对数量和图形的认识，促进幼儿感知觉、思维的发展，提高建构造型的审美能力，培养幼儿耐心、协作、互助、坚持等良好的学习品质和行为品质。

（一）空间设计

1. 教师在规划活动空间时，应为建构区安排较大的活动空间，以保证幼儿有充足的空间进行创造（如图4-2-4所示）。足够大的空间能充分满足幼儿合作搭建大型作品的需要。

图 4-2-4　建构区

2. 建构区属于相对喧闹、操作性较强的区域，应与相对安静、操作性较低的区角（如阅读区、益智区等）分开设置。建构区的材料有大积木、大木块、大纸箱、乐高等。为了减少幼儿在游戏中受到干扰，可以用矮柜、大积木、塑料箱等作为隔断，使建构区呈半封闭状态，保证幼儿能够专心致志地进行创造性活动。此外，建构区最好只设一个入口，且不宜设置在通道上。这样能够有效避免幼儿精心搭建好的作品被来回通行的同伴碰倒，也能保证幼儿不会被其他活动打扰。

3．建构区可以铺设地毯或地垫，不宜放置桌椅板凳（如图 4-2-5 所示）。这样可以使活动空间更为宽敞，幼儿可以席地而坐、开展游戏；地毯还能减少噪声，减少幼儿活动室发出的声响对其他幼儿造成的干扰。

图 4-2-5　建构区地面铺设地毯

（二）材料投放

幼儿园室内常见的建构区材料主要有大积木、大木块、大纸箱、乐高等，其他的玩水、玩沙等游戏主要在户外进行。教师投放建构材料时应该考虑到幼儿的年龄特点，有目的、有计划、有针对性地投放，科学指导幼儿学会使用和操作不同类型的建构材料。

小班幼儿年龄较小，建构能力不足，也不会与他人合作进行建构，在进行建构游戏时往往没有什么目的性，只是自己随意地摆弄建构材料。例如，把积木垒高，再推倒，反复重复这一动作。教师应为小班幼儿准备数量充足的玩具材料，以免幼儿之间发生争抢行为。对于建构能力较强的中、大班幼儿，教师应注意投放种类多样的建构材料，还应增加一些适合两个人或两个人以上合作操作的游戏材料，包括一些半成品玩具或废旧物品等，提升幼儿的合作能力和创造力。

1．积木

（1）单元积木。单元积木具有标准的尺寸和形状，常见的有立方体、长方体、圆柱体等。一个基础的长方体积木（如图 4-2-6 所示），其尺寸一般为宽 3.5 厘米、高 7 厘米、长 14 厘米，比例是 1:2:4。其他积木形状都以标准的"单元积木"为基础，与它存在一定的数

学逻辑比例关系。

图 4-2-6　基础的长方体积木

 知 识 拓 展

单元积木

　　卡洛琳·普瑞（Caroline Pratt）在 1913 年设计出了今天广为人知的"单元积木"（Unit Block）。其先进的教育理念和精巧的设计构思，至今仍被幼儿教育界所推崇。卡洛琳认为积木本身就蕴含着极大的教育价值，儿童在运用原木做成的材料时能充分发挥他们的想象力和创造力，因此无须在上面涂上颜色或者印上各种图案。

　　（2）普通积木。积木表面通常为彩色或素色，体积大小不等，形状主要有长方体、正方体、圆柱体、三角形、半圆形等，材质多为空心木质（如图 4-2-7 所示）；也有用泡沫等材料制作而成的大型积木，多见于儿童游乐场（如图 4-2-8 所示）；还有些积木表面印有不同的图案和纹样（如图 4-2-9 所示），用以搭建不同主题内容的建筑。

图 4-2-7　木质积木　　　　图 4-2-8　泡沫大型积木　　　　图 4-2-9　主题图案积木

2. 积塑

　　由塑胶材料制成的各种结构玩具称为积塑。积塑是一种创造性极强的游戏材料，有不

同的玩法。积塑主要包括凸点型积塑（如图 4-2-10 所示）、花片型积塑（如图 4-2-11 所示）、块型积塑、齿型积塑（如图 4-2-12 所示）、插图型积塑等。

（三）进区规则

1. 安静进区，不吵不闹。

2. 每次进区人数一般不超过 8 人（可根据空间大小适当增加或减少人数）。

3. 玩具应分类存放并贴上标签，游戏时要做到轻拿轻放，用后要放回原处。

4. 小声交谈，尽量不影响他人。

5. 发挥想象，积极动手，互相合作，保护好已经完成的建构作品。

图 4-2-10　凸点型积塑　　　　图 4-2-11　花片型积塑　　　　图 4-2-12　齿型积塑

三、美工区

美工区是幼儿教师根据教育目标和幼儿的身心发展水平，为幼儿创设的一个供其自由欣赏和创作美术作品的个别化学习的场所。在美工区，幼儿可以按照自己的意愿自主选择感兴趣的工具和材料进行创作，选择喜爱的美术作品体验欣赏。每个幼儿心里都有一颗美的种子，涂涂画画则是幼儿表达自己内心想法的最好方式。另外，美工区开展的手工、绘画、剪纸、泥塑等活动，能够有效促进幼儿手眼协调能力和小肌肉群的发展。

（一）空间设计

1. 幼儿园应将美工区设置在光线充足、靠近水源的地方，方便幼儿洗手、清洗画笔和颜料盘等。

2. 由于美工区的活动较为安静，在进行室内布局时可以与益智区、阅读区等相对安静的区角相邻近。

3. 美工区可以提供宽大的操作桌面（如图 4-2-13 所示）和多个储藏柜，方便幼儿合作开展美工作品创作活动，并养成将美工材料分门别类存放的好习惯。

4. 美工区四周的墙面可以张贴幼儿的作品或者能够给人以丰富想象空间的名作，以激

发幼儿的创作热情（如图 4-2-14 所示）。

图 4-2-13　美工区操作桌面

图 4-2-14　美工区墙面布置

（二）材料投放

美工区材料要分类摆放（如图 4-2-15 所示），材料分类如下。

1．泥工类：橡皮泥、太空泥、面团、黏土、泥工成品、模具、塑料刀、牙签、木棒等。

2．手工类：挂历纸、白纸、胶水、双面胶、剪刀、碎布、卡纸、折纸、废旧材料（如废报纸、纸盒、易拉罐、纸杯、吸管等）。

3．绘画类：彩笔、毛笔、油画棒、固体胶、颜料、牙刷、梳子、吸管、调色盘、水桶等。

美工区作品展示如图 4-2-16 所示。

图 4-2-15　美工区材料分类摆放

图 4-2-16　美工区作品展示

（三）进区规则

1．按照规定人数（一般为 6～8 人）有序进区，不争不抢。

2．尽量保持安静。

3．不乱涂乱画，保持衣物干净。

4．小心使用剪刀。

5. 爱惜材料，不浪费，用完后将桌面整理干净，材料分类摆放整齐。

四、阅读区

阅读区是幼儿自由阅览图书的地方。良好的阅读环境能够激发幼儿阅读的兴趣，帮助幼儿养成良好的阅读习惯。通常情况下，幼儿园每个班级都设有自己的阅读区。有的幼儿园在室内走廊、楼梯拐角等地方也因地制宜地设有阅读区角。有些幼儿园还专门设置了绘本馆等阅读主题活动室。

（一）空间设计

1. 阅读区应设置在安静且光线充足、采光科学的位置，一般设置在靠窗处（如图 4-2-17 所示），要远离表演区、建构区等区角，减少不同活动对幼儿阅读的影响和干扰。

2. 阅读区环境布置应给人以温馨、美观的感觉（如图 4-2-18 所示）。可以铺上色泽柔和的地垫或地毯，摆放舒适的小沙发、可爱的抱枕等，书架的高度要适合幼儿，图书封面要呈现在幼儿面前，以激发幼儿的阅读兴趣。

图 4-2-17　靠窗设置阅读区

图 4-2-18　阅读区环境布置

3. 阅读区空间大小要适当，可根据教室空间大小、幼儿的年龄特点和班级人数进行调整。如果幼儿年龄较小、人数较少，阅读区空间可以小一些；中班、大班可以适当增加阅读区空间。通常每个阅读区应至少能同时容纳 1 名教师和 3 名幼儿。

（二）材料投放

1. 图书的种类要丰富，数量要充足。现在的幼儿读物类型丰富，有科普类、社会知识类、儿歌类、漫画类等，阅读区图书的投放要尽量做到种类齐全，满足不同幼儿的阅读需求；数量要充足，而且要做到定期更新阅读材料。

2. 辅助材料的投放。可以在阅读区投放卡片、笔记本、便笺纸、铅笔、蜡笔、水彩笔等，以丰富幼儿在阅读区的活动。还可以提供胶水、剪刀等工具，引导幼儿修补破损的图

书，养成爱护图书的好习惯。

（三）进区规则

1. 保持安静，不大声讲话，不影响他人。

2. 注意用眼卫生，坐姿端正，眼睛与书要保持一定距离。

3. 爱惜图书，不损坏图书，看完后要将图书放回原处，并摆放整齐。

4. 可以与同伴一起阅读，做到不争不抢。

五、益智区

益智区是通过投放一些能促进幼儿观察、比较分析、推理判断以及启发幼儿思考的材料，让幼儿进行操作、发展智力的区域。幼儿在益智区自行探索、尝试，在挑战中体验成功的乐趣，学习解决问题的方法，能够充分锻炼手眼协调能力，增强其自信心。

（一）空间设计

1. 益智区应安排在相对安静、空间大小适宜的区域；可与阅读区邻近，远离角色扮演区。

2. 可利用橱柜、隔板或者桌子将区角划分为不同的游戏区，让幼儿自主选择。

3. 要有宽大的操作桌面，便于幼儿进行操作和探索。

4. 区角材料分门别类，摆放整齐。

（二）材料投放

1. 拼摆类材料

拼摆类材料主要包括几何形状拼板、拼图、穿线板、多用盘、彩色皮筋、操作棒、套管、回形针等（如图4-2-19、图4-2-20、图4-2-21所示），教师可鼓励幼儿进行创造性拼摆，发展想象力和创造力。

图4-2-19　几何形状拼板　　　　图4-2-20　拼图　　　　　图4-2-21　多用盘

2．棋类材料

常见棋类材料有配对棋、接龙棋、飞行棋、斗兽棋、跳棋、五子棋、象棋、陆战棋、围棋等（如图 4-2-22 所示），教师还可根据幼儿的年龄特点创编一些棋，利用益智区其他材料也可开展棋类活动，如在多用盘上玩"大吃小"游戏。

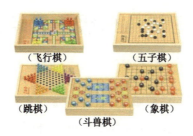

（飞行棋）　　（五子棋）
（跳棋）　　（象棋）
（斗兽棋）

图 4-2-22　棋类材料

3．有关数的概念的材料

如数字卡片、计算器、算盘、扑克牌、游戏棒、插入式组合板等，帮助幼儿练习手口一致点数，认读数字，了解数的分解组合等（如图 4-2-23 所示）。

4．有关感知的等分材料

有关感知的等分材料通常包括圆形组合、正方形组合、三角形组合、几何形状组合等（如图 4-2-24 所示），帮助幼儿感知不同形状的等分，理解整体和部分的关系。

图 4-2-23　有关数的概念的材料　　　　　图 4-2-24　有关感知的等分材料

（三）进区规则

1．按照规定人数进区，一般每次不超过 6 人。

2．尽量保持安静，不影响他人。

3．每次只取一种材料，用完立刻放回原处。

4．轻拿轻放，爱惜活动材料。

5. 不争不抢，懂得谦让，鼓励中、大班幼儿开展合作类益智游戏。

6. 积极动脑，大胆尝试和探索。

 第三节 | 班级主题墙环境创设

新课改实施以来，幼儿园的活动通常以主题的形式开展，淡化了学科领域的单科教学。"主题性墙饰"是指教师以主题活动内容为背景，充分利用墙面和幼儿一起创设的与主题活动发展相适宜的环境。生动美观的主题墙饰，既能够给幼儿有关色彩、构图等因素的审美体验，又能激发幼儿对于各种知识技能的兴趣，还能在情感上带给他们愉悦感。需要注意的是，主题墙饰应随着主题活动的产生而产生，随着主题活动的发展而发展，随着主题活动的改变而改变。

一、幼儿园班级主题墙创设要点

（一）内容选择要突出主题

过去一提到主题墙的创设，我们想到的就是在墙上贴画，只要色彩鲜艳、构图饱满、孩子喜欢就万事大吉了。随着教育观念的不断更新，现代幼儿园已经逐渐摒弃这种手段单一、缺少幼儿参与的创设方式了。在主题墙饰创设内容的选择上，开始注意与预设课程、生成课程，以及幼儿的兴趣点相结合。教师应将幼儿日常生活中感兴趣的内容与当前的主题活动相结合，尝试让"墙壁会说话"，凸显主题墙的隐性教育价值，与主题活动相得益彰。

（二）生动形象、布局合理

应从尊重幼儿的审美兴趣、满足他们的审美需要出发进行主题墙的创设。既要在版面的设计上注重色彩与构图，使之"出色"，又要在内容的选择上以"幼儿发展为本"，凸显"特色"。"出色"＋"特色"，才能充分挖掘主题墙饰的潜在价值，激发幼儿与墙饰互动的兴趣，达到启发智力、激励行为、提高审美的目的。

1. 注重色彩美

马克思曾说过："色彩的感觉是一般美感中最大众化的形式。"幼儿在欣赏主题墙饰的时候，最先感受到的就是色彩，因为色彩最能引起他们的注意，也最能传达信息。合理的色彩搭配有利于确保版面的整体美感，而用色过多反而会使版面显得杂乱而无法衬托主题。根据不同的主题需要，主题墙饰的色彩可以鲜艳明亮，可以质朴素雅，也可以和谐温馨。这些色彩形成的不同色调，可以传达不同的色彩语言，释放不同的色彩情感，加强版面情调的渲染和意境的创造，从而增加墙饰的吸引力，引起孩子们的共鸣，进而促进他们与墙饰的良好沟通，起到传情达意的交流作用。一般情况下，展示节日的主题，如"欢欢喜喜过大年""热闹的元宵节""祖国妈妈生日好"等往往适合运用鲜艳、热烈的色彩，表现热烈的气氛。

2．构图要合理

幼儿园主题墙饰的构图是不容忽视的关键点，只有将文字、图片、色彩等进行点、线、面合理的布局后，墙饰才会得到最佳展现。幼儿园墙饰的构图需要具备以下要素。

（1）趣味性

构图中的趣味性主要是指构图形式的趣味性，使用活泼的版面视觉语言，使墙饰所要传达的信息更加突出、直观，起到画龙点睛的作用。比如，用一些比较夸张的美术字体，图片的排列上依托于某种外形（图形、动植物）。

（2）独创性

鲜明的个性，是墙饰设计的灵魂。因此，要敢于思考，别出心裁，在墙饰设计中注重独创性，才能赢得幼儿的喜爱。在实际操作中，可以立足于班级特色让墙饰设计凸显自己的个性。

（3）整体性

主题墙饰是传播信息的桥梁，所追求的完美形式必须符合主题的思想内容，这是墙饰设计的根基。只讲表现形式而忽略内容，或只求内容而缺乏艺术表现的版面都是不成功的。只有把形式与内容合理地统一，强化整体布局，才能体现独特的艺术价值。

（三）设计思路清晰，并以多样化的方式呈现

许多幼儿园教师在收集了众多的墙饰素材之后，不知道该如何呈现到主题墙上，主题墙看起来凌乱无体系。一般情况下，主题墙的设计可以遵循以下两种思路。

1．按照主题的线索或者流程来呈现

通过主题墙展现出主题开展的思路，会让幼儿和家长清楚地了解幼儿园主题活动是如何开展的。例如，大班主题"快乐数学之去春游"，主题墙可以按照主题展开的线索呈现：去哪里春游？怎么去？春游需要带什么？如何用十元钱买到需要的物品……

2．选取主题中的关键内容呈现

这种呈现方式不需要将整个主题设计思路呈现出来，而是有重点地选取主题中的关键

活动、幼儿作品等。这种呈现方式能够让人对主题活动的重点内容一目了然。例如，中班主题"我爱我家"，主题墙可以呈现幼儿的全家福照片，也可以将幼儿的绘画作品呈现在主题墙上。

（四）让幼儿成为主题墙的主人

环境作为重要的教育资源，对幼儿的影响虽是隐性的，却是巨大的。在过去，幼儿园班级主题墙的设计多是由教师来完成，幼儿的参与度很低。教师如果能把大部分的设计权、主动权交给幼儿，就更能通过主题墙上的作品获取幼儿对事物的不同理解、不同的情绪感受、不同的表现方式。试想，如果在家园开放活动时，幼儿能自豪地向同伴和家长介绍"这是我画的""这个是我做的"，对幼儿来说是一件多么有成就感和满足感的事！此外，对于自己的劳动成果，幼儿会格外地珍惜和爱护。因此，幼儿园教师应通过正确的引导，让幼儿参与主题墙饰的创设。在这个过程中，每一步都是幼儿经验积累和提高的体现，每一件作品都是幼儿参与学习的结果，只有这样，幼儿才能真正成为环境创设的主人。

二、幼儿园班级主题墙创设案例

（一）以"节日"为主题创设

以节日为契机引导幼儿了解中国传统节日、习俗，进行爱国主义教育是非常重要的，专门为节日活动布置主题墙也是幼儿园班级主题墙创设常有的内容和形式。如"春节""中秋节""国庆节""端午节"等（如图4-3-1、图4-3-2所示）。

图4-3-1　"春节"主题墙

图4-3-2　"国庆节"主题墙

（二）以"季节"为主题创设

一年四季不断交替，幼儿也能感受到季节的变化。因此，根据季节的变化布置班级墙面，可以帮助幼儿了解动植物生长与季节的关系，了解不同季节色彩的变化、生活的变化等，丰富幼儿的认知（如图 4-3-3、图 4-3-4 所示）。

图 4-3-3 "秋天"主题墙

图 4-3-4 "冬天"主题墙

（三）以"传统文化"为主题创设

文化是一个国家、一个民族的灵魂，文化兴则国运兴，文化强则民族强。中华优秀传统文化博大精深，源远流长。从小引导幼儿认识、了解中华优秀传统文化具有重要意义。多样的戏曲种类、经典的国学诗文、深刻的寓言故事、独特的剪纸艺术都是幼儿感兴趣的传统文化元素。将这些元素布置成特色的主题墙（如图 4-3-5、图 4-3-6 所示），能够增进幼儿对中华优秀传统文化的认知，根植文化自信，弘扬民族精神。

图 4-3-5 "京剧脸谱"主题墙

图 4-3-6 "十二生肖与剪纸"主题墙

（四）以"幼儿园教育"为主题创设

幼儿园常常围绕幼儿的现实生活，选择幼儿在某个阶段生活的重点来布置主题墙。例如，小班幼儿刚入园，需要尽快适应幼儿园生活，可以"我爱幼儿园"或者"我爱我家"为主题进行主题墙创设（如图 4-3-7 所示）；大班幼儿马上面临毕业，可以"我们毕业了"为主题布置主题墙（如图 4-3-8 所示）。

图 4-3-7 "我爱我家"主题墙　　　　　图 4-3-8 "我们毕业了"主题墙

（五）以"重大社会事件"为主题创设

一些重大的社会事件常常引发人们的关注，也会引发幼儿的好奇。因此，当一些重大事件来临或者发生后，幼儿园也可以通过主题墙的布置来帮助幼儿科学认识这些重大的社会事件，培养幼儿的家国意识，萌发社会责任感。

第四节 ｜ 班级生活环境创设

良好的生活环境是幼儿健康成长必不可少的条件和保障。《幼儿园教育指导纲要（试行）》指出，幼儿园应为幼儿提供健康、丰富的生活和活动环境，满足他们多方面发展的需要，使他们在快乐的童年生活中获得有益于身心发展的经验。幼儿园班级环境创设必须关注幼儿的生活，在生活中促进幼儿的发展。班级生活环境创设主要包括盥洗环境、睡眠环境、用餐环境等方面的创设。

一、盥洗环境创设

盥洗室是幼儿如厕、洗手、洗脸的地方。幼儿每天都要频繁出入盥洗室，安全、干净、整洁的盥洗环境对于幼儿养成良好的生活、卫生习惯具有重要的教育意义。它可以作为呈现教育内容的载体，将健康和社会领域中涉及幼儿良好行为习惯、性别意识、社会规范等内容，以无声的形式渗透给幼儿。

现在我国大部分幼儿园每个班级都会配置独立的盥洗室，主要包括盥洗区和厕所两个区域。盥洗室要配备符合幼儿年龄和身高的洗手台、毛巾架、污水池、镜子、淋浴、清洁柜等设施；厕所应配备符合幼儿年龄和身高的坐便器、便池等，对于大班幼儿，还应尽量做到男女分厕。

（一）空间设计

1．盥洗室整体布局应合理，空间宽敞且安全。盥洗室地面应做防滑处理。为减少幼儿交叉感染，卫生间宜各班级独立设置，且厕所与盥洗应隔开设置，避免混设。卫生间在设计上要保持洁净有序。供保教人员使用的厕所应与幼儿的分开设置。

2．幼儿园各班级的卫生间不小于 15 平方米，大便池（建议取消蹲式便槽，使用幼儿马桶）、小便池、洗面台、污水池、淋浴、毛巾架、清洁柜等设施应配备齐全。其中每个卫生间至少配置 4 个幼儿坐便器，2 个小便池，拖布池 1 个，4 个洗面台。

3．由于幼儿使用盥洗室的频率较高，因此在位置的选择上，盥洗室应紧靠活动室和卧室且与班活动场地毗连，以方便幼儿如厕、洗手，也便于教师照顾和检查。

4．盥洗室朝向以南向为最佳，至少能保持良好的通风状况，避免污浊空气进入活动室、卧室。有适宜的光线透射进来，以获得紫外线消毒功能。

5．可以在盥洗室种植一些绿色的水培植物，既可以通过植物的光合作用改善室内的氧气含量，也可以美化盥洗室的环境，还能让幼儿观察和了解植物的生长过程。

6．合理分区。3～6 岁的幼儿性别意识弱，可设置男女合用的卫生间，但应利用有效空间合理分区，男女区之间设隔断处理，隔断墙高 80～90 厘米，保护幼儿隐私，逐步培养幼儿的性别意识。大班幼儿的盥洗室应尽量做到男女分厕，为幼儿上小学做准备。

7．顶面应布置专业的紫外线消毒灯，或其他消毒设备，其开关应与照明开关分开设置，并做明显标记，开关高度应在 2 米以上，以免幼儿误触。

（二）盥洗台

幼儿园的盥洗台应配备与幼儿的身高、手臂长短相符合的洗手盆、梳洗镜及防溅水龙头等（如图 4-4-1 所示）。洗手台的高度以 0.5～0.55 米为宜，宽度以 0.4～0.45 米为宜。水龙头的间距应为 0.35～0.4 米，数量为 6～8 个，位置不能过高，以防止水溅出来打湿幼儿的衣服。两个盥洗台间应放置肥皂或洗手液，盥洗台一侧应为每个幼儿配备专用的小毛巾（可以贴上姓名或者做好标记）。盥洗台上方的墙面上还可以配有适合幼儿身高的镜子，方便幼儿在盥洗的同时检查自己的仪容仪表，养成保持清洁、整齐的好习惯。

为了帮助幼儿习得正确的洗手方法、养成洗手后及时擦干双手的好习惯，可以将七步洗手法的步骤图张贴在盥洗室的墙面上（如图4-4-2所示），图片要非常清晰且准确地呈现洗手的每个步骤。同样，在挂毛巾的地方可以贴上怎样擦干双手的图片，帮助幼儿养成良好的习惯，而不是将手上的水甩到其他地方，或者擦到衣服上。

图4-4-1　盥洗台

图4-4-2　"七步洗手法"图示

现在许多幼儿园会将盥洗室中水龙头的出水量调小，这样既能防止水流量过大溅得到处都是，还能节约用水，可谓一举两得。为了培养幼儿节约用水的意识，还可以在盥洗台上方的墙面上或者镜子上张贴节约用水的提醒小标语，这样既能提醒幼儿节约水资源，还能起到装饰和美化的作用。

（三）便池

幼儿园盥洗室配备的坐便器应根据幼儿的身高、坐高来购买，同时便池的设置还需考虑幼儿的跨度标准。便池距离地面最高不超过10厘米。在托幼班，除提供男用站式便池外，应配备儿童坐便器。无论采用沟槽式或坐蹲式坐便器，都应设置1.2米的架空隔板，并安装幼儿扶手。每个厕位的平面尺寸为0.8米×0.7米，沟槽式的槽宽为0.16～0.18米，两侧用防滑砖（如图4-4-3所示），坐蹲式坐便器的高度为25～30厘米，坐口处的直径为30厘米。

中到大班的幼儿已经开始具有性别意识，有条件的幼儿园应尽量采用男女分厕。未采用男女分厕的幼儿园可以利用小标识区分男女厕，这样可以充分尊重和保护幼儿的隐私，也可以帮助幼儿提前适应小学生活。

3～4岁是幼儿生活自理能力和良好习惯初步养成的关键期。幼儿阶段的学习大部分来自环境的影响，因此，教师可以尝试在卫生间的墙面上张贴正确如厕的步骤图示（如图4-4-4所示），或者如厕好习惯小标语，鼓励幼儿尽快学会独立如厕，帮助幼儿提高生活能力，养成良好的生活习惯。

幼儿园保教人员应注意每天保持坐便器的清洁，坚持做好平日的清洁、消毒工作。注意要用软抹布清洁，禁止使用强炭、去污粉类清洁剂。日常清洗完后要保证空气流通，让清洁后残留的气味散去，保证空气质量。

图4-4-3 幼儿园卫生间隔板

图4-4-4 "如厕步骤"图示

另外，寄宿制幼儿园必须设立幼儿专用浴室，有条件的可采用男女分浴。墙面应采用防潮材料，地面采用防滑材料；浴室更衣区、准备区和淋浴区都应有窗户和通风设备。更衣区、准备区应配备安全的取暖设备，更衣区应设置幼儿座位，淋浴区应配备可控制出水温度的淋浴装置。

二、睡眠环境创设

午睡是幼儿一日生活中不可缺少的重要环节。教师应为幼儿创设安静、舒适的睡眠环境，培养幼儿良好的睡眠习惯和自我服务的能力。

（一）空间设计

幼儿园寝室应有较好的朝向和良好的通风条件，避免阳光直射。炎热地区为避免日晒，也可安装遮阳设备；寒冷地区要保证冬季室内温度适宜，并经常开窗通风，保证室内空气新鲜。寝室应满足全班幼儿的睡眠需要，确保每个幼儿有自己固定的床铺和卧具（如图4-4-5所示）。寝室主通道宽度不应小于0.9米，次通道宽度不宜小于0.5米，两床之间通道宽度不宜小于0.3米。为防止幼儿睡眠时受凉，床不能紧贴外墙或窗户设置，且与外墙或窗户的距离不应小于0.4米。

各班寝室还应配有存放幼儿衣物的存储空间和晾晒幼儿小件物品的空间与设施。寝室的窗台高度应在0.9米以上，窗户下半部应做固定窗或加防护栏，以防幼儿爬高导致意外事故发生。

图 4-4-5　幼儿园寝室环境

（二）墙饰与标识

幼儿园寝室墙面宜采用淡粉、浅黄等暖色调，顶部以白色为宜，给人以安静、温馨的感觉。墙的表面要平整，转角的地方不能尖锐，要转成圆角，避免幼儿撞伤。墙面可以采用瓷片、易清洗的墙纸和各种涂料装饰。有条件的幼儿园可在墙 1.2 米以下装饰皮革或人造革，使墙面更具柔软、温暖、吸音的功能，防止幼儿碰撞受伤。不论用什么材料来装饰墙面，都要符合有关部门制定的标准，不能使用有毒、有放射线和释放有害气体的材料。

可以适当使用幼儿喜欢的卡通图画或风景画等美化墙面（如图 4-4-6 所示）。墙面装饰能起到保护墙体、延长使用寿命的作用，也能使室内空间美观、整洁、舒适、富有情趣，营造出幼儿喜爱的文化艺术氛围。还可以在寝室的墙面上张贴易于幼儿识别的图片、小标语等（如图 4-4-7 所示），提醒幼儿注意寝室的行为准则，帮助幼儿养成良好的睡眠习惯和生活自理能力。例如，不能在寝室内大声喧哗，走路要轻，不打扰他人；不能将玩具带到寝室；睡前如厕；按要求穿脱衣服，叠放衣物、被褥等。

图 4-4-6　幼儿园寝室墙面装饰

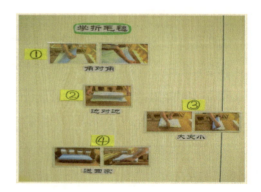

图 4-4-7　"学折毛毯"步骤图

（三）氛围营造

安全、宁静、整洁、舒适的睡眠环境是幼儿园睡眠环境创设的主旨。教师可以在寝室窗帘的四周粘上小星星和月亮的卡通图案，午睡时将窗帘轻轻放下，播放轻柔舒缓的音乐或者睡前故事，引导幼儿安静入睡，营造出温馨、放松的氛围。幼儿的被褥等要经常清洗并在太阳下暴晒。另外，教师还应合理安排午睡前幼儿的活动，睡前剧烈的运动易引起幼儿兴奋、神经紧张。因此，在午饭后应为幼儿安排一些安静放松的活动，如看书、散步等，使幼儿入睡时情绪安定。

三、进餐环境创设

进餐环境是影响幼儿进餐质量的重要因素。良好的进餐环境不仅指物质环境的美观和便利，还包括精神环境的温馨和愉快。教师应为幼儿创设良好的进餐环境，培养幼儿良好的饮食习惯，促进幼儿身心健康发展。

（一）空间设计

一般来讲，餐厅应紧邻厨房或者配餐间。健康的用餐环境应做到光线充足、空气通畅、温度适宜、干净整洁、空间适宜。没有条件专门设置餐厅的幼儿园，班级活动室可以兼做用餐空间。

餐厅墙面宜采用柔和的暖色调，或者装饰色彩鲜艳、生动可爱的食物图片、绘画作品，也可以悬挂仿真水果、蔬菜等，局部可采用鲜艳的高色彩度的色调（如橘色），来促进幼儿的食欲；墙裙部分因幼儿经常碰撞，必须耐用且便于擦洗；餐厅地面可采用便于清洁又防滑的 PVC 地板或玻化砖。

另外，餐厅顶面应配置专业的紫外线消毒灯或其他消毒设备。其开关要与照明开关分开设置，并做明显标记，开关高度应在 2 米以上，以免幼儿误触。

（二）桌椅餐具

幼儿园餐厅应配置符合幼儿身高特点的、能增进幼儿食欲的暖色系餐桌和餐椅。例如，小班幼儿的平均身高约 95～99 厘米，餐桌的适宜高度为 44 厘米，配套的餐椅椅面高度应为 23.5 厘米，靠背高度约为 25 厘米；中班幼儿平均身高约为 100～109 厘米，适宜的餐桌、餐椅的高度分别为 47.5 厘米、26 厘米；大班幼儿平均身高约为 110～120 厘米，适宜的餐桌、餐椅的高度分别为 51.5 厘米、28.5 厘米。

餐具的选择应符合幼儿的特点，使用绿色环保、大小适宜，不易脆化和老化，无尖角，不易摔碎的餐盘、勺子等。中、大班幼儿可尝试使用筷子，以竹木筷为佳，但是要注意使用安全。

（三）氛围营造

　　良好的进餐环境、色香味俱全的食物都能使幼儿身心愉悦，增进幼儿食欲（如图 4-4-8、图 4-4-9 所示）。进餐时教师应为幼儿营造安静、放松的氛围，可以播放一些轻松、优美的音乐；可以让幼儿自由选择座位，鼓励幼儿自主取餐、收放餐具，培养幼儿的自理能力。对于进餐时表现好的幼儿，教师可适当肯定和鼓励，通过榜样的力量激励其他小朋友积极用餐；对进餐时有过失的幼儿也宽容对待，不能在进餐时批评、训斥幼儿，以免影响其食欲；对于吃饭速度较慢的幼儿，应多给其一些进餐的时间。此外，幼儿进餐时，教师可以用温柔、亲切的语言跟幼儿交流，将细嚼慢咽、爱惜粮食等进餐礼仪和良好品质渗透到进餐环节中，寓教育于无形。

图 4-4-8　幼儿园进餐环境

图 4-4-9　幼儿园美味早餐

四、饮水区环境创设

　　学前阶段的幼儿活动量大，身体新陈代谢比较旺盛，每天都需要保证足够的饮水量。在幼儿的一日生活中，教师会安排幼儿在户外活动前、集体教学活动后、起床后、离园前等时间段喝水。幼儿园班级活动室内一般都设有专门的饮水区（如图 4-4-10 所示），每个幼儿有自己固定的水杯；为防止幼儿拥挤，可以在饮水区设置一排小脚印或者一条直线，幼儿接完水后站在直线区域饮水，这样一方面可以防止幼儿碰撞将水洒出，另一方面可以让幼儿养成自觉排队的好习惯。此外，还可以利用饮水区的墙面张贴喝水有利于身体健康的小标识，鼓励幼儿多喝水。饮水区小标志如图 4-4-11 所示。

图 4-4-10 幼儿园饮水区

图 4-4-11 饮水区小标志

 思 考 与 练 习

1. 根据本单元所学知识，请为某幼儿园中班设计一个完整的班级活动室环境规划平面图。

2. 请以"美丽的冬天"为主题，为大班幼儿创设班级主题墙。

3. 利用幼儿园见习周，拍摄一组幼儿园班级某区角环境照片，并在班级内展开讨论，详细分析其优点和缺点。

单元五

幼儿园主题活动环境创设

目标导航

💡 **知识目标**

1．了解幼儿园主题活动的内涵、特点，以及与幼儿园主题活动环境创设之间的关系；

2．理解幼儿园主题活动环境创设的含义及其作用。

📖 **技能目标**

1．掌握幼儿园主题活动环境创设的要求，具备主题生成的基本技能；

2．能够联系实际进行典型主题活动环境创设。

🖌 **素质目标**

1．培养学生依据幼儿园主题活动动态创设幼儿园主题活动环境的能力；

2．培养学生运用策略创设典型主题活动环境的能力。

思维导图

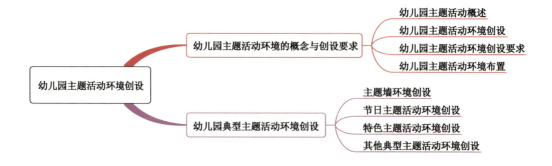

案例展示

> 周三早上，阳光幼儿园中（二）班的小朋友陆续走进幼儿园，小朋友们有礼貌地和老师打过招呼后走进教室，发现班级教室墙上装饰了各种水果图片，有画的、有剪的，墙面内容非常丰富。小朋友立刻被吸引并开始讨论：这是什么水果，那是什么味道，我喜欢吃什么水果等。这样的环境布置，引发了小朋友对水果的浓厚兴趣。有的小朋友问："老师，今天我们要吃这么多水果吗？"洋洋老师说："今天，我们要认识各种水果宝宝，好不好啊？"小朋友非常高兴地说："好啊，好啊！"

教师在活动之前创设的主题环境，引起了幼儿参与活动的兴趣。了解幼儿园主题活动与幼儿园环境创设的关系，创设适合幼儿园主题活动的环境，在幼儿园工作中非常重要。

第一节 幼儿园主题活动环境的概念与创设要求

近年来，我国学前教育事业发展迅速，幼儿园教育作为整个教育体系的基础，通过语言、科学、艺术、健康、社会五个领域以及各种主题活动，对幼儿进行学前期的教育，促进幼儿身心和谐发展。在幼儿园的教育活动中，主题活动已经逐渐成为幼儿园教育活动的主要形式。

一、幼儿园主题活动概述

（一）幼儿园主题活动的内涵

所谓主题活动，是指教师根据幼儿园教育目标和内容、本班幼儿身心发展水平和已有经验，围绕贴近幼儿生活、幼儿感兴趣的某一中心内容（即主题），作为一段时间内课程内容的主线来组织教育教学活动。主题活动以幼儿生活为基础，以某一主题内容为主线，将语言、科学、艺术、健康、社会五大领域以及区角活动、环境创设、家园共育等内容有机整合，以实现主题教育活动目标。

2012 年教育部颁布的《3—6 岁儿童学习与发展指南》中明确指出，关注幼儿学习与发展的整体性。幼儿的发展是一个整体，要注重领域之间、目标之间的相互渗透和整合，促

进幼儿身心全面协调发展。幼儿园主题活动是促进幼儿全面发展的主要形式。主题活动的内容，要让幼儿在一段时间内，从不同的角度、用不同的方式来探索和学习同一事物或者概念，促进幼儿对这一主题的深入了解并获得相关经验，满足幼儿自身不同的发展需求。例如，在主题活动"蛋宝宝"中，教师可以设计"蛋宝宝找家""孵化蛋宝宝""给蛋宝宝穿花衣"等系列活动，让幼儿从多方面了解蛋的相关知识，在"孵化蛋宝宝"中进行科学探究，在"给蛋宝宝穿花衣"中进行色彩了解，从而满足幼儿的兴趣需要，丰富幼儿的知识经验，培养幼儿的观察能力和动手操作能力等。

在幼儿园教育活动中，教师要充分利用幼儿园、家庭、社区等多方面的资源，挖掘资源中的主题教育因素，进行合理的规划设计，通过创设适合幼儿学习的主题环境，对幼儿进行主题教育。

（二）幼儿园主题活动的特点

1. 围绕主题内容开展相关活动

幼儿园主题活动是以一个主题内容为中心进行的延展活动，其他相关内容都是围绕着中心主题设计的。主题活动可以整合健康、社会、语言、艺术和科学等领域的内容，利用幼儿园内外各种教育资源组织、开展。例如，设计"春天来了"这个主题活动，围绕着"春天"这个主题内容，可以开展一系列相关的活动，如图5-1-1所示。

图 5-1-1 "春天来了"主题活动图

2. 主题活动更具灵活性

相较于其他的活动形式，幼儿园主题活动更具有灵活性。它可以根据季节的变化、节日的氛围和孩子的兴趣灵活地确定活动的主题内容。主题活动的时间可长可短，一周、两周、一个月甚至更长时间都可以。主题内容的范围可大可小，可以是一个大主题，如秋天；也可以是一个小主题，如秋天的动物。

3．注重幼儿的体验和感受

应选择贴近幼儿生活的主题内容，这样的主题内容幼儿愿意接受，愿意参与其中，并且能够把学到的知识应用到现实生活中。例如，幼儿在老师的指导下参与了班级"奇妙的光"主题活动，在生活中幼儿可以和家长一起寻找发光的物体、发光物体的颜色。这样的主题活动会激发幼儿积极探索的欲望，增加幼儿的知识积累和体验。

4．满足幼儿多种能力需求

幼儿园主题活动通过一个中心主题把幼儿的学习内容衔接起来，促进了幼儿的整体认知，有助于达成多方面的教育目标。每个主题活动，都会涉及相应的区域活动。例如，语言领域，能培养幼儿的倾听能力、讲述能力；科学领域，能培养孩子的观察能力、逻辑思维能力；社会领域，能培养孩子的交往能力、沟通能力。因此，主题活动从多个方面满足了幼儿的能力需求。

资 料 贴 吧

单元教学和方案活动

单元教学成形于 20 世纪 20、30 年代，是陈鹤琴根据"整个教学法"的理论与实践构建的一种将健康、社会、科学、艺术、语文等五个领域的教育活动按单元的形式进行编排，各单元活动围绕一个共同的目标而联系在一起的一种整体的课程组织形式。单元教学对我国 20 世纪 20、30 年代的幼儿园教育产生了重要影响。

方案活动是瑞吉欧教育课程的主要特征之一。方案活动是幼儿以小组活动为主要形式与教师一起合作探索他们感兴趣的问题，这类方案活动起始于幼儿对物质世界或社会的好奇，或出自于幼儿的某种主张，或发源于幼儿对哲学两难问题的思考。此外，教师也可以在观察幼儿的基础上提出问题，发起方案活动。"方案"是对一个主题或论题进行更深入的探讨，是对某个来自现实世界的、值得幼儿关注的话题进行的深入而广泛的调查，如"我从哪里来"。方案活动强调发挥幼儿的自主性，但也不忽视教师在其中的引导作用。方案活动中的主题是方案进行的中心，主题的延展是根据幼儿的兴趣、经验、问题、意见或建议，由教师和幼儿共同实现的。

二、幼儿园主题活动环境创设

《幼儿园教育指导纲要（试行）》指出，环境是重要的教育资源，应通过环境的创设和利用，有效地促进幼儿的发展。在幼儿园主题教育活动中，创设有效的教育教学环境，有助于主题活动效果的实现。

（一）幼儿园主题活动环境创设的含义

幼儿园主题活动环境创设是与主题活动密切相关的，根据主题活动的目标、内容，幼儿现阶段的已有经验和认知发展需求来创设的与其相适应的环境。主题活动环境的创设，增进了幼儿与主题之间的互动和交流，更好地展示了主题活动的教育内容和活动进程，满足了幼儿自主活动、自我发展的需求。

（二）幼儿园主题活动与环境创设的关系

1．主题活动引发环境创设

幼儿园主题活动是系列教学活动，它的开展需要一定的情境，这一情境可以是物质环境也可以是心理环境。情境的创设为主题活动的开展提供了支持。主题活动发生在一定的环境中，引发了相应的环境创设。例如，小（二）班开展主题活动"颜色对对碰"，在语言活动"小蓝和小黄"中，教师讲解绘本《小蓝和小黄》，让小班幼儿对颜色有了初步的认识。为了让幼儿了解更多的颜色，教师投放材料到美工区，创设区域游戏环境，引导幼儿扩展对颜色的认知、使用。再通过其他环境创设，让幼儿寻找幼儿园室内外的色彩，在班级主题墙上画出彩虹，在走廊上绘制各种色彩，对幼儿进行多种颜色的认知教育。随着主题活动的一步步推进，相应的环境创设也在一步步跟进，为主题活动的有效延伸提供了环境的支持。主题活动的深入开展丰富了幼儿园环境创设的内容，增强了环境创设的目的性。

2．环境创设生成、拓展和延伸主题活动

环境是主题活动进行时幼儿进行探索与学习的背景，是幼儿之间、幼儿与教师之间相互作用的舞台，为幼儿的主动探索提供强有力的支持。教师发现环境中的某种要素成为幼儿谈论的热点或中心话题，引导幼儿围绕这一中心进行讨论，并将这一中心发展为主题活动。例如，走廊上的绿色植物、班级墙上的某一装饰品、科学探索区的某一物品等，都有可能引发幼儿讨论的兴趣，教师可以根据这些要素生成一定的主题活动。

主题活动确定中心主题后，教师和幼儿开始共同创设与主题相关的活动环境，在活动环境的支持下，不断拓展和延伸活动。例如，在"欢乐元宵节"主题活动中，通过照片展

示，让幼儿了解元宵节这一节日，激发幼儿共同布置环境的愿望。幼儿通过体验汤圆的制作、花灯的制作、舞台表演和画画等不同形式的活动，深入了解元宵节的传统文化。因此，环境创设的效果可以影响主题活动的展开过程和成效，引导主题活动不断丰富和深化，使幼儿与主题活动之间产生积极的互动，达到最优的教学效果（如图5-1-2所示）。

图 5-1-2 幼儿与主题活动的互动

总体来说，主题活动与环境创设是互相照应的关系。环境为主题活动而创设，主题活动需要环境的支持才能更深入更具体地展开。幼儿的认知、情感和社会化的发展始终离不开与环境的相互作用，幼儿与环境的互动方式直接影响到幼儿的发展和教学活动的质量。

（三）幼儿园主题活动环境创设的作用

兴起于意大利20世纪60年代的瑞吉欧教育将环境比作"第三位老师"，强调环境在幼儿园教育中的积极地位。幼儿园主题活动环境创设，有利于主题活动的开展，是主题活动开展的舞台、活动拓展和延伸的源泉，良好的环境创设可以使幼儿在与环境的互动中获得各种能力的发展，潜移默化地影响着幼儿的成长和发展。

1. 促进幼儿的社会性发展

幼儿与教师在一起创设主题活动环境的过程中，共同发现、共同表现、共同创造，激发幼儿与环境的互动、与同伴的互动、与教师的互动。例如，主题活动展示可以让幼儿之间、师幼之间交流活动体验，展示活动成果，在交流中总结经验，促进幼儿成长。主题活动环境创设也为促进幼儿之间的合作提供了良好的机会。当幼儿之间共同绘制图片，或者共同整理区角间的材料时，合作互动便产生了。这种社会性行为的发展，是幼儿逐步适应社会的第一步。

2．培养幼儿的各种能力

主题活动环境创设对幼儿的影响是巨大的，甚至可以影响幼儿的情感发展。主题活动环境创设是幼儿认知、表达的一种方式，幼儿在与环境的互动中获得各种能力的发展，比如，初步观察、操作、表达、思维等方面的能力。

例如，利用冬天户外的下雪场景，设计主题活动"下雪了"，并在阅读区准备幼儿故事，在表演区准备情境表演的材料，在科学区准备实验材料等，创设与雪有关的多个区域环境，开展系列活动（如图 5-1-3 所示）。

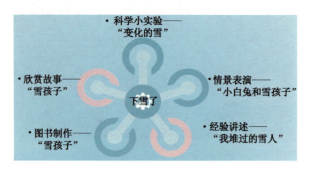

图 5-1-3 "下雪了"系列活动

在这系列活动中，通过欣赏故事"雪孩子"，可以培养幼儿的审美能力、理解能力；通过科学小实验"变化的雪"，可以培养幼儿的观察能力、科学探究能力；通过情景表演"小白兔和雪孩子"，可以培养幼儿的表演能力；通过图书制作"雪孩子"，可以培养幼儿的动手操作、动脑能力；通过经验讲述"我堆过的雪人"，可以培养幼儿的倾听能力、表达能力和思维能力。

3．推进幼儿的全面性发展

瑞士心理学家皮亚杰的认知相互作用论指出，幼儿的发展是通过个体与外界环境交互作用而建构起来的。幼儿主题活动环境的创设为幼儿构建了全面发展的空间，促进了幼儿主动建构的经验。将幼儿置身在一个创设好的开放的环境中，激发幼儿的创造力和想象力，促进幼儿思维的发展。同时，多样化的主题活动，激发了幼儿活动的兴趣，培养了幼儿的各种能力，促进了幼儿的全面发展。

三、幼儿园主题活动环境创设要求

《幼儿园教育指导纲要（试行）》明确要求，幼儿园应为幼儿提供健康、丰富的生活和活动环境，满足他们多方面发展的需要，使他们在快乐的童年生活中获得有益于身心发展的经验。幼儿园主题活动环境的创设与主题活动是相辅相成的，要有目的、有计划地开展，创设主题活动环境的过程需要考虑创设的目标、要求和原则。

（一）幼儿园主题活动环境创设的目标设定

1. 符合幼儿身心发展特点，突出幼儿主体性

在创设幼儿园主题活动环境时，首先要考虑该环境使用的主体——幼儿，环境的创设要符合幼儿的身心发展特点。瑞士心理学家皮亚杰的认知发展理论指出，儿童在不同的年龄阶段有不同的身心特点，教育要遵照儿童不同发展阶段的身心特点，教育内容、教育方法要依据儿童的身心特点进行适当调整。不同年龄阶段幼儿的身心发展水平不同，主题活动环境创设考虑的内容与形式不同；参与活动的人数不同，主题活动环境创设的空间大小可能不同。因此，要针对不同年龄层次、不同参与活动人数，创设有层次的环境。幼儿在主题活动中如何参与，采取何种学习方式，这些都对主题活动环境的创设提出不同要求。例如，主题活动是在室内进行还是在户外进行，是集体教学活动还是自由游戏活动，是否是综合的主题活动等，都会影响主题活动环境的创设。

2. 支持主题活动的开展过程

主题活动是整合了不同领域内容和目标的教育活动，具有多种教育价值，但在一个主题活动中不可能达成所有领域的多个目标，这就需要教师在开展主题活动前，先制定主题活动的主要目标，依据主要目标进行相应的环境创设。在主题活动进行时，根据幼儿与环境的互动情况，在主题活动的延伸和拓展中，进行活动环境的再创设，以支持延伸和拓展的主题。环境创设是活动目标的外在体现，只有创设与主题活动相适应的环境，才能发挥环境的教育功能，促进幼儿的身心发展。

3. 契合教师的活动设计要求

幼儿园主题活动环境中的目标设定，要契合幼儿园教师的活动设计要求。幼儿园教师的活动设计包括活动设计思路、活动方式、活动准备等。每一项活动设计内容都对活动环境的创设有不同的要求。从活动方式来看，集体活动方式、小组活动方式，或是个别活动方式，对环境创设的要求存在很大差异。教师有计划开展的主题活动，会提前准备好环境创设的材料，进行空间的布置和调整。如果是由幼儿的兴趣话题引发的主题活动，环境创设的目标设定要跟随主题活动的开展进行及时调整，以契合教师的主题活动需求。主题活动计划表如表 5-1-1 所示。

表 5-1-1　主题活动计划表

主题名称：七彩乐园			
班级：哈佛四班	起止时间：2024 年 5 月 5 日—2024 年 5 月 31 日		
活动项目	美丽的春天	颜色对对碰	彩色的梦	笑一笑
环境创设	与幼儿、家长一起搜集有关于春天的动植物的图片，将其布置在墙面上	在绘画区内投放各色水彩颜料，以红黄蓝为主，供幼儿使用	在手工区投放各色彩带、吹泡泡用具，供幼儿操作	收集各种关于表情图片的资料，布置出心情墙
生活活动	丰富自然角，开展种植、饲养活动	提醒并帮助幼儿在活动前后及时增减衣物，有汗时及时擦汗	鼓励幼儿精心照顾种植区的花草，观察它们的生长变化	指导幼儿尝试为自己组里的小朋友服务，做简单的值日生工作
教学活动	1. 语言活动：春天的色彩 2. 艺术活动：给妈妈的花环 3. 艺术活动：春天的花	1. 语言活动：小蓝和小黄 2. 艺术活动：我的水族馆 3. 艺术活动：彩色世界真奇妙	1. 科学活动：玩具店 2. 艺术活动：勤劳的小蜜蜂 3. 艺术活动：彩色飞镖	1. 科学活动：小白兔蹦蹦跳跳 2. 艺术活动：海里的帆船
区域活动	1. 美工区：美丽的蝴蝶 2. 美工区：美丽的点彩画 3. 阅读区：我的颜色小书 4. 角色区：彩色商店 5. 建构区：小花园	1. 美工区：颜色魔术师 2. 美工区：给宝宝织毛衣 3. 美工区：藏到哪里了 4. 美工区：彩带飞舞 5. 阅读区：色彩谣	1. 美工区：彩色的雨滴 2. 美工区：彩色小饼干 3. 美工区：彩色世界 4. 科学区：美丽的彩虹 5. 阅读区：彩色的花	1. 美工区：心情卡 2. 美工区：快乐脸谱 3. 美工区：小丸子 4. 美工区：好朋友在一起 5. 益智区：开心果果
户外活动	1. 小兔和蝴蝶 2. 围着圈圈动起来 3. 玩轮胎 4. 阳光体智能 5. 小鸡捉虫	1. 小蝌蚪找妈妈 2. 彩色小皮球 3. 平衡木 4. 阳光体智能 5. 网下钻钻爬爬	1. 颜色的家 2. 集体操 3. 风车转动 4. 阳光体智能 5. 蝌蚪宝宝变青蛙	1. 小熊接滚球 2. 集体操 3. 把蛋送回家 4. 阳光体智能 5. 花样海绵棒
家园互动	请家长带幼儿远足踏青，能坚持步行一千米，引导幼儿观察春天的颜色	建议家长在春季多带幼儿参加户外活动，及时补充水分	建议家长经常和幼儿玩有关颜色的游戏	请家长在家中关注幼儿的情绪变化，鼓励幼儿讲述一些自己与朋友之间的事情

（二）幼儿园主题活动环境创设的要求

1．内容上的整合性

幼儿园主题活动在内容上整合了语言、健康、艺术、科学、社会五大领域的内容，在创设主题活动环境时，也要使创设的环境内容具有关联性和整合性。例如，进行主题活动"美丽的秋天"时，班级的每一个区域、主题墙饰的每一个细节都围绕着"美丽的秋天"这个主题进行创设和材料投放，使同一个主题活动环境创设使用的材料都围绕着秋天呈现，并兼具不同的教育功能。同时主题活动环境创设时要注意创设空间、创设内容、创设材料的丰富性，满足幼儿的多种需求。

2．过程中的动态性

环境是主题活动的载体，随着主题活动的开展和深入，环境的创设也在不断丰富和充实，发挥着激发主题、活动过渡及成果展示的功能。主题活动环境创设是一个动态的过程，幼儿在此过程中不断获得经验。在环境创设的动态变化中，提高幼儿参与活动的自主性和主动性，激发幼儿探究的兴趣，达成主题活动的目标。

（三）幼儿园主题活动环境创设的原则

1．个性化原则

幼儿园主题活动环境创设，应关注幼儿参与的兴趣、经验，体现幼儿对主题活动的理解和感受。例如，在"我们的幼儿园"主题活动环境创设时，教师引导幼儿发现幼儿园中优美的环境、美味的食物、好玩的大象滑梯和饲养园中的小白兔等，再和幼儿共同创设独具特色的幼儿园环境，使幼儿对自己生活的场所有独特的认知。

2．动态性原则

根据主题活动实施的特点，主题活动环境创设随着幼儿的兴趣发展而变化，随着主题的深入而变化，教师应不断提供适宜的材料，随时补充和调整，使幼儿对环境保持新鲜感和持续的兴趣；使幼儿与环境产生积极的互动，从环境中获得新知识、新经验、新发展。

3．目标性原则

幼儿园环境是幼儿园课程的一部分。在创设幼儿园环境时，要考虑它的教育性，使环境创设目标与幼儿园教育目标保持一致。主题活动环境创设要有利于教育目标的实现，幼儿园教育目标是促进幼儿的全面发展。依据《3—6岁儿童学习与发展指南》中幼儿园教育总目标、主题活动目标，对环境设置进行系统规划。教师在规划主题活动环境时要思考一个问题：需要怎样的环境与目标相互配合，才能将教育目标落实在环境创设中。

 对 点 案 例

"可爱的蚂蚁"主题活动目标与主题活动环境创设

在一次户外散步时，孩子们来到了幼儿园的花园里尽情地玩耍。忽然，东东对着

其他小朋友喊了起来："哇！好多蚂蚁啊！"小朋友都被他的喊声吸引了过去，发现一棵小树边有很多蚂蚁，黑乎乎的一片，可能是有位小朋友掉了一粒米饭，小蚂蚁们都在忙着运食物呢！孩子们纷纷议论起来，"快看，小蚂蚁在搬东西呢！""这么多小蚂蚁一起搬。""小蚂蚁怎么这么听话呢？"……孩子们对于小蚂蚁产生了浓厚的兴趣，围在周围迟迟不肯离去。于是教师就想到以"可爱的蚂蚁"为主题引导孩子们去探寻蚂蚁的秘密。

（一）活动目标设定

知识目标：

1. 用多种方式观察蚂蚁，了解蚂蚁的外形特征及生活习性；

2. 通过观察、记录、查阅资料了解蚂蚁的分工及职责。

能力目标：

1. 能用绘画表现蚂蚁搬家的情景；

2. 在探究有关蚂蚁的一系列问题中丰富幼儿观察、比较、猜测、验证等多种探究经验，提高探究能力和解决问题的能力。

情感目标：

1. 激发幼儿探索的兴趣，培养幼儿对小动物的喜爱和懂得关爱的情感；

2. 从蚂蚁的习性中感受蚂蚁团结、勤劳、坚持的精神。

（二）主题环境创设

1. 室内环境创设：请幼儿带来蚂蚁的图片、资料，布置成"各种各样的蚂蚁图片展"。利用幼儿画的蚂蚁图片布置主题墙"蚂蚁的家"。在活动区投放各种材料，以开展不同类型、不同领域的教育活动。例如，在美工区，投放若干白纸，让幼儿画"蚂蚁"；投放黑豆，供幼儿制作蚂蚁。在语言区，投放背景图，让幼儿看图讲述故事《蚂蚁和西瓜》。

2. 室外环境创设：教师和幼儿一起寻找蚂蚁、捉蚂蚁，把它放在自然角养殖，观察蚂蚁的特征。

3. 家园共育：家长和幼儿一起收集寻找有关蚂蚁的图片、资料等。

本案例中，主题活动环境创设围绕着主题活动目标进行，有利于教育目标的实现。

4．互动性原则

主题活动环境创设的过程是幼儿与教师共同参与合作的过程。教育者要树立让幼儿参与环境创设的意识，认识到主题活动环境的教育性不仅蕴含于环境之中，而且蕴含于环境创设的过程中。教师通过设计，提供可供幼儿操作的环境，特别是各种活动材料，让幼儿在与环境、教师、同伴的相互作用中主动地获得发展。

5．参与性原则

主题活动环境创设的目的是引发和支持幼儿在与环境的互动中获取经验。因此，幼儿是主题活动环境创设中不可缺少的参与者。在这个过程中，教师要注重发挥幼儿的主体作用，重视幼儿的参与，同时也鼓励家长与幼儿一起参与环境材料的收集与准备。

四、幼儿园主题活动环境布置

《3—6 岁儿童学习与发展指南》明确提出，幼儿园环境创设应关注幼儿学习品质的养成；注重幼儿主动探究、亲身体验；尊重幼儿发展的个体差异和幼儿学习与发展的整体性。主题活动环境的布置与主题活动教育的效果密切相关，因此，主题活动环境的布置十分重要，它主要包括以下四个方面。

（一）室内空间布置

幼儿园主题活动大多是在室内开展的，为了呈现最佳的活动效果，幼儿园老师需要对室内场所进行科学合理的布置，吸引幼儿进入活动的情境化场景中，引发幼儿参与活动的兴趣，延展活动效果。主题活动的形式、参与活动的人数等，都会影响室内空间的布置。例如，集体活动的空间要大，要在宽阔的地方进行环境创设，这样可以更好地展现活动进程和效果。语言类的谈话活动和音乐游戏类的活动，活动形式不同，室内空间的环境布置也应有所不同。

（二）主题展示区布置

所谓主题展示区，是指在幼儿园班级内或者活动室内专门设置的主题活动区域，辅以相应的空间来展示主题活动开展的基本脉络，记录幼儿的学习活动。例如，室内墙壁、走廊或其他区域等布置的墙饰。主题展示区的环境创设，根据幼儿园组织的主题活动进行展示，主要记录主题活动的内容和活动的完成情况。主题展示区可以布置在室内主题墙上，如图 5-1-4、图 5-1-5 所示。

图 5-1-4　室内展示区 1

图 5-1-5　室内展示区 2

主题展示区也可以布置在室外，如图 5-1-6、图 5-1-7 所示。

图 5-1-6　室外展示区 1

图 5-1-7　室外展示区 2

　　对主题展示区环境的布置，不管是室内还是室外都要关注到幼儿的发展，以幼儿为主体来布置展示区，关注幼儿与环境、幼儿与教师、幼儿与幼儿之间的联系。要依据幼儿身心发展特点来布置主题展示区，以图片和实物呈现为主（如图 5-1-8、图 5-1-9 所示），使幼儿更感兴趣。要注意发挥好教师和幼儿的作用，教师引导幼儿参与展示区布置，和幼儿一起进行材料的搜集和整理、进行积极的构思设计和安排，提高幼儿的参与性，为幼儿的学习与探索提供一种实践的方式。

图 5-1-8　主题展示区 1

图 5-1-9　主题展示区 2

（三）主题活动区角的布置

主题活动区角是根据主题活动的目标和内容，以及幼儿在主题活动开展中感兴趣的内容，创设相应的区域，每个区域紧紧围绕主题，由幼儿、教师、家长共同参与收集多样性、多层次的材料，共同布置，使区域间相互联系，成为幼儿获得各种经验的游戏、学习场所。

区角中幼儿的活动成果丰富了主题展示区中的作品内容，区角环境（如图 5-1-10、图 5-1-11 所示）的布置展示了主题展示区的环境创设，也影响了幼儿在主题活动中的探究质量。在幼儿园的各种活动中，区角活动面向全体幼儿开放，为幼儿提供自主感知、动手操作和学习的机会。因此，主题活动区角环境创设是将主题活动的目标、主题活动内容物化于区角材料中，吸引幼儿积极参与活动展示，满足不同幼儿的发展需求。

图 5-1-10 区角环境 1

图 5-1-11 区角环境 2

（四）主题活动心理环境的创设

幼儿园主题活动的顺利开展，除了需要创设良好的物质环境，还需要创设良好的心理环境。幼儿园心理环境是存在于幼儿园内对幼儿发展产生影响的一切心理因素的总和。在主题活动进行中，主题活动心理环境的形成是以良好的人际关系、情感氛围和文化生活做底蕴的。保教人员在主题活动开展之前，营造一个温馨舒适的主题活动环境，让幼儿带着快乐的心情投入到活动中，会极大提高幼儿的参与热情，促进幼儿积极参与学习、讨论和探究，以及游戏活动，提升保教的质量。例如，在儿童节亲子活动中，家长观摩幼儿的表演或者参与亲子活动会让幼儿内心会充满幸福、愉悦感，从而愿意表演。

 第二节 | 幼儿园典型主题活动环境创设

　　幼儿园典型主题活动环境创设有多种类型，如主题墙的环境创设、节日主题活动环境创设、特色主题活动环境创设等。

一、主题墙环境创设

　　主题墙是指幼儿园各班教室环境中的墙壁，它是幼儿园主题活动环境创设的重要组成部分，是根据幼儿园各班级开展的主题活动的目标和内容设计进行布置的。主题墙的环境创设记录了幼儿活动的意图、过程和结果，是主题活动顺利进行的媒介，促进幼儿经验的获得和提升，以及幼儿身心水平的提高，促进家长对幼儿成长的了解，提升教师对幼儿知识的传递和能力的培养等。同时可以美化教室环境，愉悦师生心情。

　　教育家马拉古奇说："幼儿园的墙壁会说话，也有记录作用，利用墙壁的空间暂时或者永久地展示幼儿的生活。"因此，主题墙为幼儿提供了观察、认知、表达和操作的场所，主题墙的环境创设是对幼儿进行教育的有效途径。主题墙环境创设要点有以下四个方面。

（一）主题墙环境创设体现活动主题

　　主题墙的创设要紧随主题活动的内容和步伐，做到"环境"与"主题"密切配合。在进行主题墙环境创设活动时，创设的活动环境要能体现活动设计的主题，把"主题"与"环境"联系在一起，发挥周围环境的影响作用和主题活动的延伸展示功能。在环境的引导下，让幼儿尽快融入主题活动的学习中；在主题的延展中体现活动的过程和活动的效果，以及活动延伸的功能，体现出主题墙的教育功能。例如，在进行"快乐的新年"主题活动创设时，可以先创设一个具有新年氛围的环境，让幼儿尽快融入活动中，引导幼儿进入"快乐的新年"主题学习；在活动结束后，教师和幼儿一起把活动中制作的作品展示在主题墙上（如图5-2-1所示），让幼儿和家长进一步欣赏孩子的作品，体验创作的快乐。

图 5-2-1　作品展示

（二）主题墙环境创设关注幼儿发展

幼儿是活动主体，在主题活动环境创设过程中，要考虑到幼儿的身心发展特点，关注幼儿兴趣需求和心理特点，体现幼儿的年龄特征。

1．主题墙环境创设关注幼儿的兴趣需要

伟大的科学家爱因斯坦说过："兴趣是最好的老师。"兴趣能激发幼儿动脑探索、动手操作的能力。选择幼儿所见、所闻、所感、所学的内容创设主题墙环境，能调动幼儿参与环境创设活动的积极性。

2．主题墙环境创设关注幼儿的心理特点

在创设主题墙环境时，应考虑幼儿的心理特点，针对幼儿的认知特点和接受能力，选择幼儿感兴趣的内容，吸引幼儿的注意力，让幼儿自觉地进行主题学习，实现变被动参与为主动参与的转变。

3．主题墙环境创设关注幼儿的年龄特征

幼儿年龄不同，对环境的认知水平也不相同，主题墙的环境布置在体现主题内容的同时，也要符合幼儿的年龄特征，使主题墙既富有教育意义又富有童心童趣。小班的主题活动内容比较简单，在创设主题墙环境时应尽量选择幼儿熟悉的物品，引起幼儿的关注；也可以用照片的形式记录主题活动中幼儿的神态、思考的过程、探索的成果；还可以用图片进行呈现，以绘画的形式归纳和总结，展现幼儿的活动过程。中班的主题活动内容较丰富，因为幼儿积累了较为丰富的生活经验，教师可以在主题墙环境创设中呈现更加丰富的主题内容和多样的形式，如用手工、绘画的形式表现主题内容，让幼儿动手创作，参与主题墙的创设活动（如图 5-2-2、图 5-2-3 所示）。大班幼儿的各方面能力都得到了发展，主题墙环

境创设以幼儿参与为主，教师让幼儿搜集、整理资料，引导、支持幼儿参与布置，为幼儿提供表达自己对世界认识的机会，同时留下探索的脚印。

在主题墙环境创设过程中，关注幼儿的年龄特征，满足不同发展水平幼儿的需求，使每个幼儿都能在环境创设中得到成长。

图 5-2-2　主题墙 1

图 5-2-3　主题墙 2

（三）主题墙环境创设布局规划合理

主题墙环境是主题活动的一部分，在构思、设计、立意上都要体现主题的内容，同时主题墙布置的位置、宽度、高度等都要考虑到位，让主题墙环境发挥应有的作用。主题墙应设置在醒目的地方，便于幼儿讨论、展示；要给幼儿留有一定的高度，便于幼儿参与操作和布置。同时，主题中的核心内容应该占据主要构图空间，幼儿参与的内容也要放在中间，体现实用、美观和富有童趣等特点。

（四）主题墙环境创设材料丰富多样

瑞士心理学家皮亚杰指出，儿童的智慧源于材料。丰富多样的材料为幼儿参与环境创设提供了可操作的动力。常用的主题墙环境创设材料包括自然界和日常生活中的各种物品。例如，用树叶、树枝做动物、植物拼图；用废旧物品做装饰物。教师和幼儿运用这些材料进行环境创设，让幼儿获得自由创作的体验和乐趣，促进幼儿的发展。

案 例 展 示

中班主题活动"幼儿园是我家"

1．主题由来

随着物质生活条件的改善，许多幼儿在家养尊处优，习惯了以自我为中心，与人交往时表现得较为自私。

在幼儿园幼儿不仅能学到很多知识，培养健康的情感，获得基本的生活能力，更重要的是能增进同伴间的友好交往。在幼儿园这个大家庭里，幼儿获得了温馨、友爱的情感体验。幼儿园的生活环境、活动设施、人际关系等，都是家庭环境所无法替代的。幼儿园既是幼儿的小社会，也是他们另一个温暖的家。

2．主题目标

（1）喜欢幼儿园的集体生活，心情愉快，有健康意识和良好的卫生习惯。

（2）学习走、跑、跳；能根据器械性质的不同，手脚协调地钻、爬、滚、攀登。

（3）学习理解故事情节和人物之间的关系，能主动表达自己的各种感受和想法，喜欢提问，积极回答问题。

（4）乐意参加各种音乐活动，并从活动中获得愉悦和美感，能主动地寻找和发现周围的环境、生活和韵律活动中的美。

（5）对生活中的数、形感兴趣，能运用多种感官，有目的、较持久地观察事物的一般特征。

（6）愿意为集体服务，关心同伴，与同伴合作，了解与人交往的正确方法。

（7）懂得谦让，能与同伴协商解决问题。根据自己的生活经验，想出帮助别人的办法。

3．班级主题活动环境创设

▲ 主题墙

（1）上墙设计

① 布置主题墙"幼儿园是我家"，展示幼儿的调查问卷、作品、照片及相关图片。

② 可将幼儿在幼儿园生活、学习的活动照片粘贴在主题墙上。

（2）中墙设计

① 设计板块"幼儿园真漂亮"——将活动室的每个区域活动拍成照片贴在主题墙上；将幼儿设计的幼儿园标志贴在主题墙上，供幼儿欣赏。

② 设计"心愿树"的板块——"快乐成长树"，幼儿将自己现在和以前的照片贴在"树"上，剪下自己喜欢的图片，将自己的愿望画出来装饰在"树"上，选择自己喜欢的物品并挂在"树"上，分享成长的快乐。

（3）下墙设计

① 将幼儿在园一天的生活拍成照片，供幼儿欣赏。

② 将幼儿在家制作的小时钟挂在墙上，供幼儿学习认识时间。

▲ 主题区角

（1）美工区

创设"我们一起来欣赏"的主题，开发大型壁画的空间供幼儿集体作画，并收集壁画作品照片、视频等供幼儿欣赏。

（2）建构区

① "我和朋友比高矮"，教师提供三种颜色的插塑积木、小方块积木，幼儿可以玩比高游戏。

② "好玩的瓶子"，教师和幼儿一起收集空的饮料瓶，供幼儿在开展建构游戏时，利用瓶子进行建构。

（3）角色区

① 创设"快乐小厨房"的角色游戏区，让幼儿模仿厨房工作人员的角色。

② 教师提供有关幼儿园生活情境的照片、营养食谱和烧饭用的餐具的模型。

（4）图书区

① 创设"班里的好朋友"主题活动，教师提供故事图片、头饰，供幼儿表演故事，并让幼儿讨论生活中各种物品之间的关系。

② 创设"小朋友的家"主题活动，教师提供画有蓝天、树林、草地、河水、花儿和幼儿园的大幅背景图；制作白云、小鸟、小鱼、小羊、蝴蝶等头饰若干，帮助幼儿创编新诗歌。

（5）科学区

① 创设"我们班上的一天"主题活动，教师可制作"幼儿园里的一天"的图片教具3张，内容为公鸡啼、懒猫睡、猫头鹰笑的图片各一张，幼儿采用绘画的形式记录自己在一天的早上、中午、晚上的时间中所做的事。

② 创设"我来分分类"主题活动，幼儿开展多种分类游戏，如图形分类、颜色分类、大小分类等。

4．走廊及其他空间利用

（1）将走廊布置成体育区，投放各种体育器具，供幼儿进行钻、爬、跳跃等简单的运动。

（2）将幼儿设计的班级标志粘贴在班级的走廊里，供幼儿欣赏。

5．家园共育

（1）请家长参与主题活动，与幼儿共同完成调查表，并提供与主题活动相关的图片、录像资料。

（2）与家长共同配合，在日常生活中培养幼儿对自己生活环境的关心与热爱，养成与周围人良好互动的行为，礼貌待人，珍爱自己的幼儿园。

（3）鼓励家长与幼儿共同制作小时钟，引导幼儿区分时针、分针，认识整点。

二、节日主题活动环境创设

《幼儿园教育指导纲要（试行）》指出，适当向幼儿介绍我国各民族和世界其他国家、民族的文化，使其感知人类文化的多样性和差异性，培养理解、尊重、平等的态度。我国著名教育家陈鹤琴先生说："所有课程都要从人生实际生活与经验选出来。"

节日活动是幼儿生活的一部分，蕴藏着丰富的教育资源。幼儿园节日活动是指幼儿园根据节日的特点组织开展的主题活动、亲子活动、社会实践与调查体验等各类活动。它不同于一般幼儿园的课程，是社会活动与幼儿园活动的有机整合。

幼儿园节日活动环境创设以节日文化为主线，充分利用幼儿园室内外的各个空间，通过班级主题墙、区角、海报、橱窗等媒介，精心构建和安排幼儿园园所环境，营造节日氛围，为幼儿提供接受各种节日知识或信息刺激的机会和条件。

（一）幼儿园节日活动内容

1. 中国传统节日

中国的传统节日丰富多彩，有春节、元宵节、清明节、端午节、七夕节、中秋节、重阳节等，这些节日是中华优秀传统文化的重要组成部分，体现了中国文化的特有元素，是幼儿园开展主题活动的重要内容，可以培养幼儿热爱祖国、热爱家乡的情感，感受中国节日的魅力，传承中国的优秀文化。例如，开展以"九九重阳节"为主题的活动，能够培养幼儿尊敬长辈的美德。

对 点 案 例

中秋节即将来临，为了让孩子们全面认识中秋节，幼儿园各班之间加强了交流互动。年级主任组织各主班教师进行集体活动商讨，讨论节日活动环境创设的方案及班级内区域活动材料的设计方案。各班主任教师回班级和其他教师商量后，又进行了细

节分工：有的教师负责活动材料准备和食品材料准备，有的教师负责环境创设，有的教师领着孩子们动手制作月饼，以及相关的活动装饰，并画出圆圆的月亮和月饼。大家明确任务、分工合作完成了具体的活动方案。

中秋节到了，孩子们吃上了自己制作的月饼，绘画作品也被展示在主题墙上，营造出了温馨的节日氛围。在此次主题活动中，孩子们不仅感受到了节日的快乐，还体验了动手制作的乐趣、动脑设计的奇妙，获得了参与环境创设的满足感。一个节日活动满足了孩子多方面的需求。

2. 现代文化节日

父亲节、母亲节、教师节、妇女节、儿童节等属于特殊人群的节日。开展相关节日主题活动，可以带来亲情、师爱、感恩等情感体验，这与幼儿的日常生活密切相关，有助于幼儿养成理解、尊重、平等的美德。例如，母亲节来临时，教师带领幼儿制作卡片等礼物送给妈妈，既可以锻炼幼儿的动手操作能力，又可以加强对幼儿的情感教育。

3. 园定节日

园定节日是指幼儿园根据自身的教育理念、文化取向和核心价值，从幼儿实际生活与经验中选取和总结出来的节日。一些幼儿园会有自己的园定节日，如读书节、采摘节、踏青节、收获节等，在这些节日中，通过主题活动让幼儿体悟不同的经验和感受。

（二）幼儿园节日主题活动环境创设要点

1. 节日主题活动环境创设体现生活性

中国著名教育家陶行知提出"生活即教育"，生活是幼儿接受教育的基础，节日活动大多来源于生活，每一个节日都与幼儿的生活息息相关。节日作为一种文化载体，具有深厚的文化底蕴和生活气息，创设节日主题活动环境可以从幼儿的生活经验出发，选择贴近幼儿生活的，以幼儿的视角展开的活动。积极创设节日的氛围、情景，调动幼儿的情绪，使幼儿在接受传统文化教育的同时，锻炼动手能力，真正体现主题活动的效果。例如，在进行"端午节"主题活动环境创设时，教师和幼儿一起参与"端午"主题创设，利用区域环境来渲染节日氛围。在美工区，让幼儿进行画粽子、包粽子等活动；在阅读区，让幼儿阅读有关端午节的绘本；在建构区，用积木搭建龙舟的模型。总之，从多个角度创设节日活动环境，让幼儿沉浸在浓郁的节日氛围中，感受传统节日的文化特色。

2. 节日主题活动环境创设突出特色性

我国传统节日丰富多彩，幼儿园在组织节日主题活动时应选择具有典型教育意义的节日，如清明节、端午节、中秋节、春节等，引导幼儿了解这些中国传统节日的由来，不同的节日有哪些习俗等。通过组织丰富多彩的活动让幼儿在亲身参与和体验中感受到民族传统节日的气氛，激发幼儿爱祖国、爱家乡的情感。例如，开展"春节"的主题活动时，教师可以让幼儿自己动手写福字、剪窗花、贴春联、挂灯笼、包饺子，师幼一起装扮班级教室，感受浓浓的"年味"；开展"端午"的主题活动时，幼儿园可以邀请家长来到幼儿园，与幼儿一起了解屈原的故事，包粽子、赛龙舟，在有趣的亲子活动中感受节日文化的魅力。

中班"中秋节"主题活动环境创设方案

一、设计意图

中秋节是我国的传统节日，为了让幼儿了解中秋节的由来，知道中秋节有赏月、品尝月饼等活动。根据中班的幼儿年龄特点，设计了中班"中秋节"主题活动环境设计方案。

二、主题墙布置

创设一个富有情趣、立体多样的主题墙，有月亮、白云、诗句、兔子等元素，拓宽幼儿的视野，促进幼儿想象，帮助幼儿初步了解中秋节的相关文化，感受花好月圆和阖家团圆的美好氛围。

三、区域环境设计

绘画区：提供水果的图片，供幼儿绘画。

泥工区：提供橡皮泥，供幼儿制作"月饼"。

美工区：提供不同颜色的彩纸、胶水、画笔等装饰节日的灯笼。

音乐区：准备"爷爷为我打月饼"等音乐。

科学区：发放表格，让幼儿提前观察月亮，填写记录单。

四、走廊设计

用幼儿的作品来装饰走廊，称之为"幼儿天地"。这样家长也能看到教师的教学情

况，幼儿也知道爱护自己和别人的劳动成果，体会到成就感。

五、家长园地

介绍主题活动的构想，使家长了解活动的开展过程及配合的相关问题，让家长帮助幼儿搜集有关中秋节的风俗图片，带到幼儿园和教师、小朋友一起分享。

3．节日主题活动环境创设体现互动性

幼儿园节日主题活动环境创设是为幼儿园节日活动环境教育服务的，环境的创设体现了主题节日活动的教育功能。教师引导幼儿参与节日主题活动环境创设，发展幼儿的主体意识，幼儿的想法经常给环境创设带来许多生成性的教育价值。幼儿在节日活动中感受到快乐，并从中得到教育和启发；幼儿通过对节日活动的体验和感悟，积极参与节日主题活动环境的创设，实现了幼儿和节日的双向互动。例如，在庆祝儿童节的活动中，老师和幼儿一起装扮幼儿园班级环境，将环境布置得温馨舒适，幼儿在积极的创设中体会到合作与交往的快乐。同时，教师在这样的环境中开展主题活动，会得到更好的教育效果。

4．节日主题活动环境创设展现审美性

幼儿园主题活动环境的创设，不仅有教育价值，还为幼儿带来了美的体验，为孩子创造了一个美的世界。节日活动中的各种艺术作品都蕴含着美的元素，让幼儿获得丰富的审美体验。例如，在进行"春节"主题活动环境创设时，为了让幼儿体验节日的气氛，教师和幼儿一起创作窗花、灯笼等具有春节气息的作品，不仅丰富了节日主题活动环境创设的内容，还给教师和幼儿带来了美的享受，让幼儿体会到了浓浓的年味。

三、特色主题活动环境创设

幼儿园特色活动是幼儿园为彰显优势，体现办园特色，结合本园优势资源，基于幼儿真实生活，着眼于幼儿身心全面和谐发展开展的一系列区别于其他幼儿园的、具有其独特风格和特点的教育活动，是其个性化的体现。幼儿园特色主题活动是幼儿园活动的一部分，可以单独形成，也可以融入其中，在幼儿园活动中发挥着重要的作用。

瑞吉欧认为，环境生成课程，课程主题来源于幼儿与环境的相互作用。所以幼儿园特色主题活动的产生依赖于环境，环境可以生成幼儿园特色主题活动，并进一步支持活动稳步进行。反过来，特色主题活动的开展制约着环境的创设。

（一）特色主题活动环境创设内容

1．依据本土资源创设特色主题活动环境

幼儿园在创设特色主题活动环境时，应充分利用本地的物质资源和文化资源，开展具有地域特色的主题活动，并创设相应的特色主题活动环境，促进幼儿对活动的学习和探索。教师可以有效利用幼儿园现有资源、家长教育资源、社会教育资源等开展有特色的主题活动。例如，可以充分利用社区内科技馆资源，对幼儿进行科学知识方面的教育，带领幼儿参观科技馆，近距离接触科学，满足幼儿对科学的探究愿望。此外，教师还可以利用家长资源，对幼儿进行职业领域内的专业讲解，拉近了幼儿、家长和幼儿园的距离，进行家园共育。

2．依据领域优势创设特色主题活动环境

幼儿园立足本园优势、教师能力，依据五大领域特点创设特色生活环境、文化环境和心理环境，对幼儿进行特色主题教育。例如，一所幼儿园的早期阅读活动进行得非常好，成为本园的特色活动。那么在环境创设上，教师可以开辟早期阅读区（如图 5-2-4 所示）供幼儿阅读，在楼梯、走廊等公共区域放置绘本书籍，让幼儿随处可见，激发幼儿阅读书籍的兴趣，养成良好的阅读习惯。

图 5-2-4 早期阅读区

（二）特色主题活动环境创设要点

1．特色主题活动环境创设突出特色活动主题

特色主题活动环境创设，要依据特色活动的主题目标、主题内容来开展，在环境中呈现与特色活动相关的各种主题元素。例如，文华自然幼儿园在进行以"收获的季节"为主题的特色活动时，主题活动环境的创设应围绕着"收获"来进行。在幼儿园的果园里幼儿

收获了石榴、柿子等果实（如图5-2-5所示）；在种植园里幼儿收获了萝卜、白菜等蔬菜（如图5-2-6所示）。文华自然幼儿园立足本园，发挥本园特色，突出活动主题，创设具有本园特色的主题活动环境。

图5-2-5 果园

图5-2-6 种植园

2．特色主题活动环境创设符合幼儿年龄特征

特色主题活动环境创设要关注幼儿发展，符合幼儿的年龄特点、知识经验和认知水平，幼儿才能关注环境，关注环境创设体现的主题，融入主题学习中，才能实现幼儿与环境的互动、幼儿与教师的互动、幼儿与幼儿之间的互动，促进幼儿多方面能力的发展。在环境创设时应尽可能投放多样性的材料，投放凸显活动教育价值的材料，保证幼儿与材料充分互动，满足不同幼儿发展的需要。

3．特色主题活动环境创设体现幼儿的参与与互动

在幼儿园特色主题活动环境创设中，幼儿是活动的主体，是环境创设的参与者和执行者。幼儿在与周围环境的积极作用中实现自身的发展。因此，幼儿园特色主题活动环境的创设，从设计、布置到材料搜集、动手操作，都要让幼儿积极参与进来，让幼儿成为环境创设的主人，并且实现幼儿与环境的互动。环境创设促进了幼儿的发展，幼儿的发展延伸了环境的创设，使特色主题教育活动的效果得到有效的展现。

四、其他典型主题活动环境创设

在幼儿园主题活动环境创设中，还有其他的典型主题活动环境的创设，为幼儿的发展提供了良好的助力。

1．季节性的典型主题活动环境创设

围绕季节的变化进行的典型主题活动创设，可以展现一年四季的变化，从树叶到果实，从种植到收获等。通过多种方式的活动锻炼幼儿的观察能力、思维能力、探究能力、动手

操作能力、语言表达能力和社会适应能力。在环境创设中有丰富的资源材料可以利用，提高幼儿参与环境创设的积极性。

2. 关爱自然、生命的典型主题活动环境创设

幼儿在日常生活中，经常会接触自然界中的各种动、植物，因此，体现关爱之情的主题活动创设会激发幼儿的参与兴趣，并能让幼儿在日常生活中爱护花草、关爱小动物，实现"主题"与"环境"的密切融合，达成教育的目标。

总之，典型主题活动的类型很多，环境创设从不同的角度促进了幼儿身心的发展。

 思 考 与 练 习

1. 简述幼儿园主题活动的含义及特点。

2. 简述幼儿园主题活动与环境创设的关系。

3. 简述幼儿园主题活动环境创设的原则。

4. 简述主题墙环境创设的要点。

5. 帮助幼儿园老师做一个特色主题活动环境创设方案，进行活动评比。

6. 实践活动题。

以"快乐的元旦"为主题，设计系列主题活动方案，并进行相应的主题环境的创设。

要求：（1）写出主题活动方案，包括活动目标、活动过程、环境创设。

（2）用全开的卡纸制作一幅动态记录类的"庆元旦"主题墙饰。

单元六
幼儿园环境创设评价

目标导航

知识目标

1. 了解幼儿园环境创设评价的结构与功能；

2. 掌握幼儿园环境创设评价的内容；

3. 理解幼儿园环境创设的评价标准。

技能目标

1. 能够根据评价标准对幼儿园的环境创设情况进行整体评价；

2. 能够灵活运用所学知识就幼儿园某一方面的环境创设情况展开评价。

素质目标

1. 能够从幼儿的视角开展幼儿园环境创设评价工作；

2. 能够科学、客观、全面、细致地对幼儿园环境创设情况进行评价。

思维导图

- 幼儿园环境创设评价
  - 幼儿园环境创设评价的结构与功能
    - 幼儿园环境创设评价的结构
    - 幼儿园环境创设评价的功能
  - 幼儿园环境创设评价的内容与标准
    - 幼儿园环境创设评价的内容
    - 幼儿园环境创设评价的标准

案例展示

　　一所幼儿园的区角活动很有特色，许多幼教专家和幼儿园教师慕名前来参观学习。他们看到这所幼儿园每个班级都至少有七八个区域供幼儿进行自主探索或分组游戏，内容非常丰富。但仔细一看却发现，语言区里面供幼儿自由讲述的故事书摆放得整整齐齐，上面已经积了一层灰；益智区的拼图有不少还未拆封，而且无人问津，询问幼儿后才知道，原来是这些拼图材料太难了，孩子们根本不感兴趣……

　　您认为这所幼儿园的区角环境创设是成功的吗？我们应该从哪些方面对幼儿园的环境创设情况进行评价呢？

第一节 | 幼儿园环境创设评价的结构与功能

　　《幼儿园工作规程》指出，创设与教育相适应的良好环境，为幼儿提供活动和表现能力的机会与条件。那么，怎样的环境才是与教育相适应的环境呢？可从哪些方面对幼儿园的环境创设展开评价？有没有具体的评价标准？通过评价可以达到什么样的目的？请同学们带着这些问题进入本单元的学习。

　　幼儿园环境创设评价是幼儿园评价的一个重要组成部分，是依据一定的标准和程序，有目的、有计划、有组织地对幼儿园环境各个方面的工作进行深入的调查和科学的分析，并做出价值判断的过程。幼儿园环境创设评价作为教育评价中不可或缺的重要内容，对幼儿园环境质量的提高以及发挥环境资源的教育价值具有重要意义。

一、幼儿园环境创设评价的结构

　　幼儿园环境创设评价主要由评价对象、评价主体、评价目的、评价指标、评价方法五部分构成。这五大要素是确保幼儿园环境创设评价工作科学有效的重要前提。

（一）评价对象

　　评价对象指的是幼儿园环境创设评价所指向的内容。评价对象既可以是可观可感的幼儿园户外环境、班级环境等物质环境，也可以是对幼儿成长具有重要意义的心理环境。在

设计幼儿园环境创设评价方案和展开评价工作时，应对评价对象做出清晰的范围划分，避免因评价对象的定位模糊不清而导致评价结果缺乏科学性。

幼儿园开展不同性质和不同类型的环境创设，应有不同的评价范围。例如，针对幼儿园生活环境创设的评价就要将幼儿园的建筑、睡眠环境、盥洗环境等纳入评价对象的范围；针对幼儿游戏环境创设的评价就要着重将游戏区角的布置、游戏材料的投放纳入评价对象的范围。

（二）评价主体

评价主体指的是实施环境创设评价工作的人或者机构。教育主管部门、幼儿园园长、教师、幼儿家长及幼儿等都可以成为幼儿园环境创设评价的主体。由于立场不同，经验背景不同，不同的评价主体对幼儿园环境创设有着不同的认识和评价标准，因此，在进行幼儿园环境创设评价时，应尽可能地将所有参与幼儿园教育的利益相关者纳入评价主体的范围，最大限度地实现评价主体的多元化，以保证评价结果的客观、公正和全面。

另外，幼儿园还应重视幼儿的评价主体地位。幼儿既是幼儿园环境的创设者，也是幼儿园环境的享用者，他们置身于幼儿园环境之中，往往会有自己独特的认识和感受。幼儿是环境的主人，他们有权利、有资格对幼儿园环境创设进行评价。因此，只有让幼儿参与评价，多倾听和理解幼儿对环境的感受和体验，才能不断完善和提升评价对环境质量的促进功能。

（三）评价目的

评价目的是指通过幼儿园环境创设评价所获取的信息是用来做什么的，即为什么要开展环境评价工作。任何评价都是紧紧围绕预设目的展开的，漫无目的的评价是没有意义的，只会造成人力、物力的浪费。例如，教育主管部门对幼儿园环境的鉴定性等级评价，目的是将符合标准的幼儿园数量控制在一定范围之内；幼儿园内部组织的班级活动区环境创设评价则着眼于幼儿园的自我发展和提升。因此，在开展幼儿园环境创设评价工作之前，先要科学、准确地定位评价的目的，这样才能达到理想的评价效果。

（四）评价指标

评价指标是对评价内容和标准做出质的和量的规定。其中，评价内容是对从哪些方面或维度评价幼儿园整体环境或具体某些方面的状况的规定。评价标准是衡量评价对象在具体维度上的实际表现符合期望程度的尺度或准则。1998 年修订发行的《托幼机构环境评价量表》包含空间和设备、日常生活护理、语言和推理、活动、互动、作息制度、家长和教师 7 个方面，共 43 个项目，并且每个项目都标明了 1（不适宜的）、3（一般的）、5（好的）、7（优秀的）评价等级与标准。目前我国对幼儿园环境创设通常从室外环境、室内环境、人文环境等方面展开评价。

（五）评价方法

常见的评价方法包括绝对评价和相对评价、分解评价和综合评价、自我评价和他人评价等。不同的评价方法各有优点和缺点，分别从不同的角度入手收集资料、做出相应的价值判断。由于幼儿园环境创设评价涉及许多方面，评价者应结合具体的评价目的和内容，选择相应的评价方法。

二、幼儿园环境创设评价的功能

幼儿园环境创设评价是为了提高环境质量与效果而采用的手段或过程，它本身就是一项系统的工程，具有多元的功能，可以从许多方面推动和促进学前教育的发展。

（一）鉴定功能

幼儿园内的一切教育活动是在一定的教育目标的指导下进行的。检查和鉴定教育目标是否达成，以及达成的程度如何是教育评价的重要内容之一，而幼儿园环境创设是否合理、科学是影响其教育目标能否达成的重要影响因素。对幼儿园环境创设的评价可以是全面的、综合的，也可以是针对某一方面的、单向性的。对照目标，判断幼儿园的室内外物理环境、教育环境、人文环境等各方面的达标程度，为幼儿园的等级评定、分类分级提供参考依据就是一种全面的评价。鉴定某一幼儿园的室外物质环境的情况，为上级部门制订投资计划做参考则是一种单向性的评价。

（二）诊断功能

评价是发现和诊断现存问题非常有效的手段。通过对幼儿园环境创设情况展开针对性的评价，可以发现幼儿园环境创设与预定的教育目标之间存在的差距和问题，有利于幼儿园管理人员和教师明确努力的方向，进一步提高环境创设的质量。

（三）改进功能

评价的重要功能是促进和改进的功能。通过对环境创设各个方面的评价发现存在的问题与不足，及时将信息反馈给幼儿园或者相关管理部门，并根据评价标准采取科学、适宜的改进措施，可以促进幼儿园环境创设的各个方面不断改进。

（四）激励功能

评价具有一定的激励功能。当科学、公正的评价与适宜的奖惩制度相结合时，可以帮助幼儿园教师认识到自己工作的优点和缺点，同时激发内在的动机，调动幼儿园教师对环境创设工作的积极性，进而提高幼儿园环境的质量。现在，有许多幼儿园已经将环境创设

纳入教研活动中，深入挖掘环境潜移默化的育人作用。

（五）导向功能

在教育评价中，对任何评价对象所做的价值判断，都是根据一定的评价目标、评价标准进行的。这些评价的目标、标准、指标及其权重，对评价对象来说，起着"指挥棒"的作用，为他们的努力指定方向，引导评价对象朝着理想目标前进。当前幼儿园环境创设越来越强调创设"真环境、美环境"，不做"空环境、假环境"，真正体现"以幼儿为本"的教育理念。

第二节 | 幼儿园环境创设评价的内容与标准

一、幼儿园环境创设评价的内容

幼儿园环境创设评价的内容是指对幼儿园的环境创设进行具体评价时要涉及的内容。根据对幼儿园环境的分类，可以将幼儿园环境创设评价的内容分为物理环境创设评价和精神环境创设评价。

（一）室外物理环境

幼儿园"室外物理环境"是与"室内物理环境"相对的一个空间概念，也有人将其称为户外空间环境。室外物理环境指的是幼儿园室外可供幼儿活动与休息的空间，主要包括园所建筑、入口空间、户外活动场地、户外绿化、种植园地与饲养角等。

1. 园所建筑

一直以来，幼儿园环境创设的重点主要集中在微观的幼儿园环境创设层面，对幼儿园园所建筑的外观造型没有给予多少关注。然而，幼儿园的园所建筑既是幼儿园形象的重要标志，也是吸引幼儿的一个重要因素，应该给予重视。在对幼儿园园所建筑进行评价时，主要考虑以下两个方面的因素。

（1）选址

幼儿园建筑应与周围的自然环境、道路、建筑物等协调一致。因此，园址的选择就要综合考虑众多因素，如交通、绿化、阳光等。《托儿所、幼儿园建筑设计规范》对园址选择做出了明确规定，第一，应建设在日照充足、交通方便、场地平整、干燥、排水通畅、环境优美、基础设施完善的地段；第二，不应置于易发生自然地质灾害的地段；第三，与易发生危险的建筑物、仓库、储罐、可燃物品和材料堆场等之间的距离应符合国家现行有关标准的规定；第四，不应与大型公共娱乐场所、商场、批发市场等人流密集的场所相毗邻；第五，应远离各种污染源，并应符合国家现行有关卫生防护标准的要求；第六，园内不应有高压输电线、燃气、输油管道主干道等穿过。

（2）外观造型

园所建筑除了在选址方面有明确要求，也要求建筑物在外观设计，尤其是外观色彩方面具有鲜明特色。在园所建筑的外观设计中，色彩起着重要作用，并且往往是将其和周边建筑物区别开来的显著特征。色彩发挥着传递信息、美化环境、吸引幼儿等多重作用。优秀的幼儿园的外观色彩设计应有其主导色彩，而该主导色彩的设定或迎合地区风俗习惯，或体现办园理念、传统，而绝非凭设计师一时"感觉"造就的千篇一律的"三原色花房子"。园所建筑的造型既要注重内部结构的合理，又要注意外部形象的生动有趣，还需要满足幼儿和谐发展的需要。

2．入口空间

幼儿园入口主要包括大门入口、主要建筑物入口等，是每位进入幼儿园的人第一眼看到的，其设计与建造具有一定的标志性。因此，幼儿园要根据自己所在地区的地域特色、办园理念等设计与建造具有自身特色的、富有幼儿情趣的入口空间。首先，入口位置的选择与设计应遵循便捷性、安全性与明显性三个基本要求；其次，入口造型的设计非常重要。入口空间主要包括大门、门柱、主要过道及两侧围墙、告示栏等元素，应通过尺度、造型、色彩、序列、材质等明确这是一个专门供幼儿使用的场所，并体现幼儿园的特色，利用幼儿喜欢的元素吸引他们，可在大门或墙壁上绘制可爱的卡通图案，或将大门做成城堡、动物等造型。根据《托儿所、幼儿园建筑设计规范》的要求，托儿所、幼儿园供应区的杂物院对外出入口应单独设置。

3．户外活动场地

《幼儿园工作规程》要求，在正常情况下，幼儿户外活动时间（包括户外体育活动时间）每天不得少于 2 小时，寄宿制幼儿园不得少于 3 小时。户外活动场地是保障幼儿有充足的户外活动的前提，也是幼儿接触空气、阳光和水的天然场所。因此，户外活动场地是幼儿园室外物理环境创设的一个重要组成部分。

（1）户外活动场地的面积应符合国家的相关规定。《幼儿园工作规程》要求，幼儿园应当有与其规模相适应的户外活动场地，配备必要的游戏和体育活动设施。《城市幼儿园建筑面积定额（试行）》规定，室外活动场地，包括分班活动场地和共用活动场地两部分。分班活动场地每生 2 平方米，共用活动场地包括设置大型活动器械、戏水池、沙坑以及 30 米长

的直跑道等，每生 2 平方米。《托儿所、幼儿园建筑设计规范》对幼儿园室外活动场地做了专门规定：第一，幼儿园每班应设专用室外活动场地，人均面积不应小于 2 平方米，各班活动场地之间宜采取分隔措施；第二，幼儿园应设全园共用活动场地，人均面积不应小于 2 平方米。托儿所室外活动场地人均面积不应小于 3 平方米；城市人口密集地区改、扩建的托儿所，设置室外活动场地确有困难时，室外活动场地人均面积不应小于 2 平方米；第三，地面应平整、防滑、无障碍、无尖锐突出物并宜采用软质地坪；第四，共用活动场地应设置游戏器具、沙坑、30 米跑道等，宜设戏水池，储水深度不应超过 0.30 米。游戏器具下地面及周围应设软质铺装。宜设洗手池、洗脚池；第五，室外活动场地应有 1/2 以上的面积在标准建筑日照阴影线之外。

（2）户外活动场地应根据用途进行适当分区，一般可以划分成运动区域、玩沙戏水区域等。在对幼儿园的户外活动场地进行评价时，主要从场地的材质、功能、种类、区隔、面积等方面展开评价。

（3）在不同的活动区域中需配置适宜的运动器械，种类应丰富，具有一定的挑战性、创造性与多功能性，能促进幼儿跑、跳、钻、爬、平衡等多方面发展，并且以鲜艳丰富的色彩吸引幼儿。

4．户外绿化

《托儿所、幼儿园建筑设计规范》指出，托儿所、幼儿园宜设置集中绿化用地，并严禁种植有毒、带刺、有飞絮、病虫害多、有刺激性的植物。幼儿园户外绿化除了集中绿化，还包括零散绿化。在满足活动场地的同时，尽可能扩大绿化面积。幼儿园应通过科学合理的绿化，运用植物的种类、姿态、高度、叶色、花色等的变化，创造一个自然、舒适、优美的乐园，使幼儿获得美的熏陶，以促进其身心健康发展。幼儿园绿化应以花草为主，乔灌木为辅。户外绿化在强化其绿化功能的同时，还要注重挖掘与发挥其保教功能，在潜移默化中实现寓教于乐。户外绿化环境应能吸引、允许并鼓励幼儿在其中游戏与探索。有研究者指出，幼儿园户外环境绿地设计，首先应该符合幼儿的活动特征，努力创造出既可游玩，又可培养和训练幼儿智力发展的场所。

5．种植园地与饲养角

种植园地与饲养角也是幼儿园室外物理环境的一个有机组成部分，主要是便于幼儿开展种植与饲养活动。现在许多幼儿园设有种植园地、饲养角，深受幼儿喜爱。在种植果蔬、饲养动物的过程中，幼儿能了解不同动植物的特性、生长过程及其与环境间的关系，加深幼儿对生命的认识。

种植园地要求土壤肥沃，阳光充足，一般集中设置在幼儿园一角，也可分开设置，如果条件允许，可分给每个班一块"责任田"。种植园地选择种植的植物应多样化，从当地气候条件出发，选择常见且生长较快的蔬菜、瓜果、粮食作物等。饲养角一般空间较大，以饲养家禽、家畜等动物为主，如羊、兔子、鸭、鸡、鹅等。这些小动物需特定空间，如栅栏或小屋，应远离幼儿的生活与学习区域，有时还需考虑风向等因素，甚至需要根据季节变换位置。

（二）室内物理环境

幼儿园室内物理环境主要包括大厅环境、走廊环境和班级环境等方面。

1．大厅环境

大厅是人们走进幼儿园建筑物所看到的第一道风景线，具有"首因效应"。一个美观、舒适的大厅可以让幼儿和家长一下子喜欢上幼儿园。因此，要重视幼儿园大厅环境的创设。一般情况下，可以把大厅划分为家长休息区、幼儿玩耍区、参观接待区等区域。幼儿园可根据幼儿园建筑的结构特点对大厅环境进行合理划分，应尽量把保健室、园长办公室等设置在大厅附近，以随时应对各种情况。另外，大厅还应将幼儿园的教育理念、办园特色等最核心的因素展现出来。一般来讲，在对幼儿园大厅环境创设展开评价时，主要从色彩搭配、空间造型、区域划分、家具陈设、人文元素等几个方面综合考虑。

2．走廊环境

走廊环境是幼儿园环境创设十分重要的组成部分。幼儿园走廊是连接多个空间环境的通道，具有独特的教育价值。一个有品质、有内涵的走廊环境，可以向家长清晰地传递幼儿园教育的各种信息，同时也能向家长和幼儿反馈他们在幼儿园一日生活中的点点滴滴。走廊环境布置可以划分为走廊墙壁环境布置、地面环境布置、空中环境布置、角落环境布置四个方面。幼儿园走廊环境的功能应该是多维度的，既有装饰功能，又有展示、沟通的功能，还有隐性的教育功能。在创设走廊环境时，应从创设材料的选择、创设主题内容的确定、师幼共同参与、创设的时间和空间位置等多个方面，有目的、有计划地进行；此外，教师应结合不同主题与季节经常更换走廊环境，让走廊成为幼儿认识世界、探索世界的窗口。

3．班级环境

幼儿园班级环境创设的评价主要包括对室内展示幼儿生活的墙面环境、方便幼儿自主游戏的区角环境、幼儿生活学习必需的家具设备，以及为幼儿提供各种感官刺激和操作机会的玩教具等几个方面的评价。

（1）墙面环境

墙面环境布置应凸显幼儿的主体地位，主要从材料准备、墙面布局、色彩选择、师幼参与、及时更新等方面展开评价。鼓励幼儿与墙面展开充分的"对话"。

（2）区角环境

区角环境评价主要从区角种类是否丰富、布局是否便于互动、管理是否儿童化、变更是否动态化等方面考虑。

（3）家具和设备

班级中家具与设备评价主要从家具与设备数量和种类是否充足、使用频率是否恰当、布局是否儿童化等方面考虑。

（4）玩教具投放

玩教具投放评价主要从玩教具数量、种类是否齐全，投放是否有层次，是否具有一定创造力等方面进行评价。

（三）幼儿园精神环境

幼儿园环境是幼儿身心发展所依赖的一切物质条件和精神条件的总和。在物质环境日益丰富的今天，构建设施完备、材料丰富、环境优美的幼儿园物质环境并非难事。然而，当前许多幼儿园过分重视"有形"的物质环境创设，却忽视了对"无形"的精神环境的营造。而事实上，精神环境对幼儿的影响是潜移默化、日积月累的。

幼儿园的精神环境是指幼儿园内对幼儿在园生活产生影响的气氛或氛围。我们又可以将幼儿园精神环境划分为幼儿园的人际交往环境和幼儿园的文化环境两个部分。其中，幼儿园的人际交往环境主要包括同事关系、师幼关系、同伴关系、家园关系等；幼儿园的文化环境包括幼儿园的办园理念、管理制度、团队建设等。只有物质环境创设与精神环境创设二者协调发展，才能为幼儿的发展保驾护航。

1. 幼儿园的人际交往环境

（1）同事关系

合作与竞争是所有工作群体内部普遍存在的交往准则，幼儿园教师也不例外。幼儿园教师个性大都细腻敏感，有利于从方方面面照护好幼儿。但是，也会因为一些小事产生分歧和矛盾，从而影响工作。优秀的幼儿园精神文化应是一种同事间互帮互助、沟通合作、关爱体谅、团结向上的精神风貌，这在很大程度上取决于园长的素质。园长作为幼儿园日常工作的最高领导者，应将"以人为本"的柔性管理理念贯穿到幼儿园日常管理工作中，注重对员工进行情感性、人格化管理，让每一位幼儿园教师都感觉到自己是被尊重、被认可的。通过民主管理、提升认同感来激发每一位教师的工作热情和创造潜能。

（2）师幼关系

师幼关系是幼儿园人际关系中最基本、最重要的组成部分。教师要想做好幼教工作，不仅要有扎实的专业知识与技能技巧，更要重视与幼儿关系的培养与建立。苏联教育家苏霍姆林斯基说："如果每个儿童的喜悦和苦恼都敲打着你的心，引起你的思考、关怀和担心，那你就勇敢地选择崇高的教师工作作为自己的职业吧，你在其中能找到创造的喜悦。"良好的师幼关系使幼儿能够感受到教师对他的关注、尊重，并有充分的接纳感，从而得到安全、愉快的情绪体验，有利于幼儿健康人格的形成。建立良好的师幼关系，爱是核心，尊重是基础，平等是关键。安全、温暖、相互理解的师幼关系对幼儿认知、情感、心理健康等方面的发展有着积极的影响，是保证教育活动顺利开展的重要条件。相反，不和谐的师幼关系则会给幼儿带来生理、心理、情感体验等多个方面的不良影响。著名幼教专家丽莲·凯茨在仔细考察了瑞吉欧学校后，认为仅仅通过考察师幼关系就可以评价幼教机构的教育质量。因此，幼儿教师应正确认识到自己在教育活动中扮演的角色：教师不仅是教育者、管理者、保护者，也是幼儿园良好环境的创设者、维持者，还应是幼儿发展的支持者、合作者和反思者。

（3）同伴关系

同伴关系是指年龄相同或相近的幼儿之间的一种共同活动并相互协作的关系，也是指同龄人或心理发展水平相当的个体在交往过程中建立和发展起来的一种人际关系。同伴关系主要有两种：一是在同伴群体中的受欢迎程度，即同伴接纳；二是朋友之间相互的、一对一的关系，即友谊。良好的同伴关系具有以下特征：一是积极属性占优势，表现为安全感、支持、亲密、信任、陪伴等积极情感的体验大大超过同伴间的背叛、争吵、奚落、欺负的体验；二是友谊的存在，一对一的友谊的存在是幼儿同伴关系定向深入发展的结果，也是幼儿同伴关系评估的良好指标；三是稳定性，基于双方自愿建立起来的同伴关系要维持一定的时间才能产生有益的效果。

（4）家园关系

苏联教育家苏霍姆林斯基曾说："没有家庭教育的学校教育和没有学校教育的家庭教育，都不可能完成培养人这样一个极其细微的任务。"我国的《幼儿园工作规程》中也明确规定，幼儿园应当主动与幼儿家庭沟通合作，为家长提供科学育儿宣传指导，帮助家长创设良好的家庭教育环境，共同担负教育幼儿的任务。家长作为幼儿的第一监护人，是幼儿成长中对幼儿影响最大、最深的人。幼儿园很多工作的开展，都离不开家长的支持和配合。只有当家庭和幼儿园的教育一致并形成合力，才能起到1+1＞2的效果。

根据人类发展生态学理论，家园关系可分为支持型家园关系、抵触型家园关系和微弱型家园关系。支持型家园关系是指幼儿园与家长能够达成对彼此的理解和支持，能够对幼

儿的教育问题形成良好沟通，是一种良性互动；而抵触型家园关系则完全相反，幼儿园和家长在教育理念、教育方式上背道而驰，双方互相有抵触心理；微弱型家园关系介于上述两种关系之间，是指家长和幼儿园缺乏联系与沟通，关系较为疏远。毋庸置疑，幼儿园应以一种积极、主动的态度努力构建"支持型家园关系"，既要学习先进的教育理念，又要掌握灵活的沟通技巧，通过各种方式努力搭建家园有效沟通的平台。

2. 幼儿园的文化环境

幼儿园文化环境包括幼儿园的办园理念、管理制度、团队建设等方面。幼儿园文化是在长期的教育实践中经过自身努力、外部影响和历史积淀创造出来的价值观念体系、行为规范准则和物化环境风貌的一种整合和结晶。

（1）办园理念

办好一所幼儿园首先要对幼儿园有一个正确的认识和定位。办园理念是幼儿园办园思想的集中体现，对幼儿园的办学目标与发展方向起着引导与规范的作用。办园理念是一所幼儿园的灵魂，每个幼儿园都应根据自己的办园实际与经验提炼自己独特而科学的办园理念。好的办园理念既要符合国家的教育方针政策，又要学习吸收中国优秀教育思想精髓，还应积极借鉴国外办学理念的成功经验，努力做到博采众长，从而使幼儿园办园理念能够因互鉴而繁荣，因交融而生辉。现代教育理念倡导幼儿教育的根本目的是让每一个孩子都能感受到学习与成长的快乐，因此，科学的办园理念应该凸显"幼儿为本""健康快乐""回归生活"等核心精神。

（2）管理制度

俗话说："无规矩不成方圆。"幼儿园的教育工作需要一定的规章制度来维系。民主、优秀的幼儿园制度文化能够让身处其中的教师产生归属感和成就感，从而对工作充满热情。因此，幼儿园的管理者应认识到民主管理对教师积极性的推动作用，在幼儿园中营造一种人人参与的民主氛围，通过教职工代表大会制度、校务公开制度、科学健全的考核评价制度、园长信箱等多种方式，让每一位教师都自觉将幼儿园的发展与自身的成长联系起来。

（3）团队建设

凝聚产生力量，团结诞生希望。优秀且充满凝聚力的教师团队是幼儿园发展的基石，团队建设中所产生的向心力和凝聚力是幼儿园发展的原动力，同时也能有效激发团队中教师个体的潜力，从而更有效地促进每位幼儿教师的专业成长。当下，努力构建"合作型""学习型""创新型"的教师团队成为许多幼儿园教师队伍建设的基本目标。

二、幼儿园环境创设评价的标准

幼儿园环境创设评价量表

幼儿园：　　　　　　　　　　日期：　　　　　　　　评价人：

评分项目		内容	好	较好	一般	较差	得分	备注
户外环境	大致情况	1. 幼儿园独立设置在安全区域内，房舍安全坚固，建筑设计符合幼儿年龄特点；幼儿园外墙有固定底色，墙面无脱落情况，整体环境色彩鲜艳、和谐、富有美感；幼儿园附近无噪声、无污染，离公路较远						
		2. 幼儿园有园徽、办园宗旨（目标）、宣传栏、能体现办园特色和文化内涵，具有教育性和艺术性						
	绿化	1. 根据园舍情况进行绿化、美化；种植花草树木10种以上，立体种植，错落有致；草本与木本结合，三季有花，四季常青						
	室外活动场地与设备	1. 有充足的活动场地、地面平整（备注：操场地面材质是橡胶还是水泥，操场的形状是环形还是直线形，或是两者结合，是否方便幼儿各项活动的开展，是否有足够的场地开展各项活动），人均面积不少于4平方米，有30米跑道						
		2. 有适宜的幼儿沙坑、玩水区、自然区（包括种植园和动物饲养角），空间利用合理，各种用具齐全，定期活动且有记录						
		3. 室外大型活动器械3件以上；提倡利用各种废旧物品和乡土材料（自然、无毒、无害材料）；根据幼儿年龄特点为幼儿制作钻、爬、攀登、平衡、翻滚等大、中、小型活动器械；种类丰富、数量充足，能满足幼儿使用；所有的活动器械保持安全、卫生、整洁，每天有专人检查，并有记录						
		4. 有休闲区，包括长廊、树荫、花棚等，放置由自然元素装饰而成的桌子、凳子等						
室内环境	门窗走廊布置	1. 楼内每层根据幼儿年龄特点设一个主题，新颖、美观，利于师幼作品布置，多用蓝绿色；有吊饰，走廊的布置集教育性、装饰性为一体，作品生动有趣，丰富多彩；因地制宜，体现幼儿园文化特色与本土特点						
		2. 每班门口设家园联系栏，包括育儿经验、卫生保健、月重点、周安排等内容；内容丰富，向家长宣传的材料不少于3种，每月更换1次；教育目标、内容具有可读性，体现新教育观；家园联系、亲子内容体现互动性						
	楼梯布置	1. 上下楼梯处有提示标识，有师幼作品展示，楼梯转角等地方有必要的安全保护措施，防止幼儿意外受伤						
	室内墙面	1. 能结合季节和课程要求，内容丰富，可变性强；大环境色彩鲜艳、和谐、富有美感；布置新颖、美观、有特色；师幼共同参与环境的创设，体现幼儿是墙面创设的主人，造型别致，富有创意，重视幼儿个性和创造力的培养						

评分项目		内容	好	较好	一般	较差	得分	备注
室内环境	活动区布置	1. 活动室、午睡室安全、卫生，空气流通，光线充足，地面、门窗整洁无灰尘；有紫外线消毒灯、消毒柜；各类玩具、用品按时消毒，方法明确且有记录；区域内没有锐利、有毒、易破碎、易造成幼儿身体伤害的物品；防暑降温设施齐全						
		2. 利用活动室空间设置不少于 3 种活动区域，活动区种类丰富，符合班级特征和教育要求；根据幼儿年龄特点，投放丰富的供幼儿操作的自然材料、半成品材料不少于 10 种；材料丰富且适宜；提倡废物利用，幼儿可根据自身的能力和意愿，自主地选择游戏内容						
		3. 有适合幼儿年龄特点的桌、椅、床等设备；开放式玩具橱、图书架、书报架，适合幼儿的玩具 3 种以上；适合幼儿阅读的不同种类的图书人均 5 册以上，种类多，并适时更新						
		4. 有风琴或钢琴、电视机等教学设备，每班自制玩教具不少于 10 种，有教师、幼儿的手工作品						
		5. 活动区创设动静分隔，充分考虑便利性与幼儿需求，且能体现可变性、开放性，方便幼儿取放材料；有活动区的标识；充分利用环境条件设置活动区；各区域的氛围好，发挥隐性环境的育人价值						
		6. 玩具材料丰富多样、幼儿取放方便、安全卫生、操作性强、使用率高；种类不少于 5 种（美工、益智、语言、自然、音乐等）；废物巧妙利用，客观性、可用性强，有一定数量的自制玩具；玩具材料适合本年龄段的幼儿；所提供的材料能供幼儿主动、自由地探索，满足不同水平幼儿的发展，材料的投放体现层次性						
	其他室内墙面	1. 盥洗室地面防滑；水龙头高度适合幼儿，一人一巾一杯且有标志，并便于幼儿取放；有"节约用水"等提示；厕所清洁，随时冲刷，无气味，深度、高度适合幼儿，有幼儿自由取放手纸的设施						
		2. 厨房、更衣室、储藏室等卫生整洁，各种炊事用具齐全，生熟分开，标志明确，有防鼠板和防蝇设施；炊事人员的工作衣帽整洁美观，每学期有检查记录，有健康证；就餐配有餐桌，教师为幼儿配餐时应佩戴围裙、卫生帽						
		3. 保健室常用药品、设备齐全；保健员的工作衣帽整洁美观，指导班级日常保健性工作、预防性工作、幼儿膳食营养工作且有记录						
		4. 多功能活动室装饰美观、功能多样化，使用率高且有记录						
		5. 园长室、会议室、教师办公室等各类配套用房整洁卫生、各种制度要上墙，各种档案齐全						
		6. 幼儿作品栏设有幼儿作品收集袋，高度适合幼儿视线，布置新颖、美观，幼儿作品及时更换（至少一月一次）						

注：

好（4 分）：符合测评的标准，并且创设的环境富有实用性和价值。

较好（3 分）：做得不错，但是还需要改进。

一般（2 分）：达到了测评的标准，但不是特别好，还存在个别问题。

较差（1 分）：没有达到测评的标准。

思 考 与 练 习

1. 某日，市教育局检查了某民办幼儿园，发现其环境创设存在不达标的情况，要求其马上进行整改，这体现了幼儿园环境创设评价哪个方面的功能？

2. 有些幼儿园创设了许多专用的功能室，但很少使用，只有迎接上级来园检查的时候才会向幼儿开放。有些示范性实验幼儿园在验收结束后，原有的饲养区和种植区也关闭了。请你就这一现象说说自己的想法。

反侵权盗版声明

电子工业出版社依法对本作品享有专有出版权。任何未经权利人书面许可，复制、销售或通过信息网络传播本作品的行为；歪曲、篡改、剽窃本作品的行为，均违反《中华人民共和国著作权法》，其行为人应承担相应的民事责任和行政责任，构成犯罪的，将被依法追究刑事责任。

为了维护市场秩序，保护权利人的合法权益，我社将依法查处和打击侵权盗版的单位和个人。欢迎社会各界人士积极举报侵权盗版行为，本社将奖励举报有功人员，并保证举报人的信息不被泄露。

举报电话：（010）88254396；（010）88258888

传　　真：（010）88254397

E-mail：　dbqq@phei.com.cn

通信地址：北京市万寿路 173 信箱

　　　　　电子工业出版社总编办公室

邮　　编：100036